太田良博 著作集①

琉球の女歌人

太田良博

ありし日の著者・太田良博（1991年）

この本を読んでくださるあなたへ

「歴史は解釈である」という言葉があります。だが、その「解釈」の意味が、そうかんたんなものではありません。そのことについて、ここでのべる余裕はありませんが、琉球の歴史についていえば、これまでの解釈には、ふたつの大きな偏向があることにまず気づいております。そのひとつは、自画自賛の解釈です。いわば「郷土自慢史」といったようなものです。自分たちの歴史を誇るということは沖縄にかぎったことではありません。どこの地方、どこの国にもあることです。ただ「自慢史」となると、誇るべき歴史だけをとりあげて、そうでないところはあまり表面に出そうとしません。また「誇るべき」とおもわれているものも、はたしてそうなのか解釈によってちがってきます。

（後略）

著者　太田良博

『異説・沖縄史』（一九八〇年発行）より

琉球の女歌人／目次

Ⅳ 沖縄のこぼれ話

Ⅴ 随筆集

凡例

一　本著作集は単行本未収録の太田良博の著作物を収集し、集大成することを期したものである。本巻には新聞や雑誌などに掲載された原稿と未発表の原稿も合わせて収載した。

二　本巻は「Ⅰ民俗論考」、「Ⅱ歴史の解釈」、「Ⅲ人物伝」、「Ⅳ沖縄こぼれ話」、「Ⅴ随筆集」に分類した。初出は巻末に掲載した。

三　収録文は原文に忠実であることを原則とした。ただし、次の要領で原文を整理した。

①著者が生前手を加えた箇所は訂正した。

②旧漢字は新漢字に統一した。

③仮名づかいは原則として原文通りとしたが、拗促音表記がされてないものについては、表記した。おどり字は該当する文字を補った。

④誤字・脱字は明らかな場合に限って訂正した。

⑤引用文は文中は「」でくくり、それ以外は二字下げに統一した。

I　民俗論考

沖縄と墓の文化

沖縄と墓とそっくりの華僑の墓

ジャワのチレボン市の郊外で、華僑の墓をみて、しばらくわが目を疑ったことがある。昭和十八年頃のことで、華僑の墓だということはあとでわかったのだが、それが沖縄の墓とそっくりなのである。亀甲型がある、破風型がある。かなり広い地域にわたって、墓が密集していたが、どれも沖縄の墓そっくりである。沖縄の墓とそっくりというのは、正確な言い方ではない。沖縄の墓そのままである。どこも変わらない。亀甲型も破風型も、そのまま「沖縄の墓」である。

たとえば、亀甲型の腹部、墓の入口の両脇、脚部、どの部分も変わった所がない。両脚部にはさまれた「墓庭《はかなー》」に、沖縄では、ウンマー木（方言。和名コバテイシ）というのを植える。

ウンマー木は、人の泣く声を聞いて、繁茂するという迷信的な言い伝えを子供のとき、聞いたことがあるが、その木が、チレボン郊外の華僑の墓の庭にも、ちゃんと植えてある。

また、亀甲型の脚部にくっつけて、墓庭の中に、子供の墓と思われる小さい墓があるのもあって、それも沖縄の墓地そのままである。

ジャワもそうだが、南洋諸地域は、福建華僑が圧倒的に多い。

南洋華僑の歴史は古い。

私が聞いた範囲でも、五、六百年前からずっとジャワに住みついているという華僑の家があった。

すると、華僑の墓、あの亀甲型や破風型の墓もやはり累代の先祖をまつる門中墓であるはずである。

沖縄と直接、交流のあったのが中国の福建省であることを思うとき、沖縄の墓の様式は、全く、中国風であり、福建省あたりの習俗が、そのまま沖縄に流れてきたものだ、と判断せざるをえない。

「沖縄の墓は、南支那あたりの墓と似ている」というのを、何かで読んだ記憶はある。だが、私がチレボン郊外で見た華僑の墓は、似ているどころではないのである。

沖縄の墓、そっくりそのままである。その「そっくり、そのまま」が私には気にかかるのである。

たとえ南支那の習俗が流れてきた結果にしても、ただ似ているという程度で、そこに、沖縄独特の形があるならともかく、つまり、どこかアレンジされているところがあれば話は別だが、「そっくりそのまま」ということになると、首をかしげざるをえない。

私は、その点、不思議に思うのだが、今まで、この「沖縄の墓」の歴史に関して納得のゆく説明を読んだことがないし、沖縄に関する本で、チレボン郊外の華僑の墓のような、中国人の亀甲墓や破風墓の写真をのせたのをみたことがない。

「沖縄の墓」のルーツ

亀甲型の墓や破風型の墓を、沖縄独特のものだと思い込んでいる人が多い。

いや、そう思っている人が、ほとんどではなかろうか。

亀甲墓は、人間が母体から生まれて母体に帰る、という沖縄の古い思想を現わしているとか、亀甲墓を中心とする門中意識、祖先崇拝などが、沖縄の古代の文化や民俗意識とつながりがあるような文章を目にするたびに、私は、チレボン郊外の華僑の墓を思い出して、妙な気持ちになる。

亀甲墓が、いつ頃から沖縄にできたか、誰も知らない。探究しようともしない。それが、いつ頃からあったかということは、沖縄の文化や宗教や習俗を知る上で、かなり大切なことなのだが、そのことに気がつかないのだろうか。

そういうことから考えただけでも、沖縄の文化史研究などというものは、いい加減なものだという気がする。

どうも「沖縄の墓」は、中国文化の直輸入らしいが、それが、中国のどの地方のどういう部族の、いつ頃からの、どういう生活や思想から生れたものか、ひとつも明らかにされていない。

「亀甲墓」や「破風型の墓」が沖縄の古い生活文化の象徴の一つでないことは、はっきりしている。

なぜなら、それは「沖縄独特」ではないからである。それは、沖縄の文化と中国の文化がミックスされたものでもない。

中国から直輸入された「そっくりそのまま」のものである。この「そっくりそのまま」が実は問題なのである。

中国大陸のものを真似るにしても、「そっくりそのまま」は、あまり能がなさすぎると思われるが、私は、その「そっくりそのまま」に、むしろ意味があるのではないかと考えている。結論的に言えば、中国から亀甲墓や破風墓の埋葬文化が輸入されるまでは、沖縄には、墓の文化が、ほとんどなかったのではないかということである。

もし、沖縄に固有の墓があり、何らかの埋葬文化の伝統があったとすれば、右のような状況はとうてい、考えられないからである。

沖縄は明以後、中国からいろんな文化を取り入れた。だが、他国からの文化の導入移植という場合でも、いちばん融合しがたいのは、「墓の文化」ではないだろうか。墓の文化は、その土地の信仰と深くむすびつくからである。

もし、沖縄に固有の「墓の文化」があったとすれば、中国の亀甲墓があのままの姿で、沖縄に移植されるはずがない。移植どころか、まったく受け容れなかったかも知れないし、移植されるにしても、沖縄固有の墓をまったく排除して、中国式の墓そのままが用いられるはずがない。

沖縄固有の墓とミックスされて、新しい型の墓が生れたにちがいない。そのことが、ぜんぜんないこと、固有の文化が移入された文化に、何かの大きな社会的変革なくして（例えば、沖縄が中国に完全に支配され、しかも、中国の支配者が、全く沖縄固有の文化を抹殺するといった手段をとるなど）、すっかり駆逐されるということは、考えられない。

いくら沖縄の人たちに、他国の文化を容易に受け容れる素直さがあったとしても、国有の文化を何の苦もなく捨て去るはずがない。

歴史のどの段階においても、中国が政治的支配権力を直接的に沖縄に及ぼしたという事実は発見できない。

中国式の墓

とすると、やはり、沖縄には固有の「墓の文化」というのがなかったのではないか。亀甲墓に限らず、破風型の墓にしても、中国式であることは、ジャワのチレボン郊外の華僑の墓が示す通りである。だから、破風型の墓も、沖縄の古代の習俗や文化とむすびつけることは、無理である。（たとえば、破風型の墓は、沖縄の古代の家屋をかたどって造られたものだ、といった説明もあるようだが。）

これらの亀甲型や破風型の墓は、形の上からみても、沖縄独特のものではない。あくまで中国式である。（中国式といっても、北支那あたりの墓は、饅頭型といわれる土墳で、その点、南支那が墓の文化をみても進んでいたことがわかる。）

ところが、亀甲墓の宏壮な規模は、なおさら大陸的である。土地の広い大陸ならあれでよいが、沖縄のような土地狭小な島には規模の面からも、絶対に適しないものである。土地に適しない大陸的な亀甲墓を、そのままとり入れたということ、この事実は、沖縄の文化や民族性を知る上で大切なことだと思われる。

ほかにも、いろいろ、そういう文化の受け容れ方をしている面があるのではないか。

『沖縄一千年史』には、「墓地の制限は、享保二十年（一七三五）に諸士は十二間角、平民は六間角と定められたり」とある。

給地奉行の達しらしい。あまり、スペースをとるというので、その規模を制限したわけだが、それでも十二間四方（二六四坪）、六間四方（三六坪）などというのは、とてつもなく大きい。

貴族の墓には制限がなかったとみえるが、この享保の制限令がでるまでは、士族や平民の墓に対しても大きさの規制はなかったようだ。

こんな土地に不適切な、あるいは社会経済の上からも不相応な墓を、そのまま真似て作ったということは、何を物語るだろうか。首里王府が、王国の体面を保つために、薩摩から借金してまで、莫大な経費をかけて中国の冊封使を歓待したという事実もあわせて考えてみると、ひとつの感なきをえない。

ここでまたジャワのチレボン市郊外の華僑の墓を持ち出そう。そこの華僑の墓が、うんざりするほど、沖縄の墓と同型であることは述べたが、その大きさは、いずれも、沖縄の墓より、規模が小さいようであった。南支那の墓も、沖縄の墓より小さいらしい。

ジャワ島といっても、日本の本州よりやや小さいくらいの島である。そこの華僑の墓とくらべると、沖縄の墓が、いかに土地柄からみて不相応であるかがわかる。まして、大陸のものと比較すると、なおさらである。

風葬から墓へ

久高島には、今日でも、風葬の習慣が残っている。風葬は、死体を埋めずに、そのままか、なにかにつめて、洞窟などに捨てて、自然の風化にまかせることである。

久高島の風葬は、沖縄の古代に限られた習俗のように考えられているが、案外、そうでもないようである。

　沖縄の墓制は、一種特風あるを以て少しく記述すべし。其起源は英祖時代に、浦添に、極楽山を築きしを以て嚆矢とすれども、之れは国王の宏壮なる墳墓にて、普通の墓は其以前よりありしなるべし。其発達の順序も、初めは天然の洞穴を利用したれども、稍進みては小阜に横穴を掘鑿し、後には平地にも築造するに至れり。今日遺存する掘抜式、亀甲式、摶風式（破風式）は是れなり」（『沖縄一千年史』）

右の記述からは、沖縄の墓の文化の時代的な発達の歴史を知ることはできない。

ただわかることは、英祖王のときに、初めて、墓がつくられたということだけである。

しかし、これはきわめて重要なことである。英祖以前は、沖縄に墓が全くなかったと考えてよい。浦添に極楽山を築いたのが、沖縄の墓のはじまりだが、極楽山の墓は国王の宏壮な墳墓の意味で、一般人の墓は、英祖以前にもあっただろう、という『一千年史』の推測はまちがっていると思う。

むしろ、その逆の推測が成り立つのである。一般には、墓をつくる習慣があったが、王家には、その習慣がなかったとするのは変である。

ここで「墓」の文化史的意味にふれなくてはいけない。

人間が墓を作って死者を葬るということは、文化史的にみて、高度な発達段階にあることを示す。

ここで、このことにくわしくふれることは避けるが、「風葬から墓へ」という過程は、たんなる葬式の変化ではない。その変化には意識の大変革がともなうはずである。信仰上の、あるいは生活上の意識の大変革がなければならない。

私は、日本に墓の文化が普及したのは、仏教文化の影響だろうと思う。それまでは、風葬が一般的な習俗ではなかったか、と考える。

日本上古の古墳時代は、土葬の跡であるが、それこそ「支配者の宏壮な墳墓」であって、一般的なものではあるまい。陵墓などは、北支那の「土マンジュウ式」の墓の大がかりなものであろう。「オバステ山」は、たんなる人口陶汰の物語りではあるまい。それは、古い風葬の習俗を表示しているものと思われる。沖縄の「アムトゥヌシチャ」(畦元の下＝沖縄の棄老伝説)も同様である。

ここで、「墓」の観念をいちおう定義しておきたい。風葬や土葬の跡も、ひとしく墓と呼びなしているが、私がここで「墓」といっているのは、ただ死んだ人間を、捨てたり、埋めたりした場所という意味ではない。ここで問題にしている「墓」は、家系と関連がある。祖先の、あるいは肉親の肉体と霊を祀った、祭祀の中心的な場所としての、墓のことである。

そういう意味では、沖縄の墓の文化も、仏教文化の伝来と関係があるようだ。

そこで、さきの極楽山の話にもどる。

亀山天皇の文永年間（一二六四～一二七四）、一僧禅鑑舟に乗り漂流して那覇に上陸した。英祖は、禅鑑を尊信し、家来に命じて浦添城の西に寺を建てさせて住まわせた。寺を極楽山と言った。また寺内に墓を築いた。沖縄に仏寺、墓ができたのは、これが最初である。禅鑑の極楽山より、沖縄全土に向けて仏教は急速に広まった。

（神田清輝著『沖縄郷土歴史読本』）

『沖縄一千年史』では、「極楽山」が、王の宏壮な墳墓になっているが、右の『郷土歴史読本』では、極楽山は寺であり、その寺内に、墓が築かれたとしてある。この極楽山は、知れる限りでは遺跡が残っていない。ただ記録だけだが、英祖が禅鑑に命じて建てさせたという以外は、何もわかっていない。

王がいきなり、墓をつくらせるというのも、甚だ突拍子な話である。極楽山は、おそらく寺院で、その寺内に墓地ができたのだろう。だとすると、それが王の墓地だった、ということも確実とはいえない。

信徒の墓地だったかもしれない。たとえ、王の墓地だったとしても、『一千年史』の記述のように「宏壮な墳墓」だったかどうか推論する資料がない。

『沖縄一千年史』の記述の通り、英祖以前から墓の文化は一般的に普及していたとすると、王族も、その例外でなかったと考えるほかない。とすると、極楽山の記録は、それまでにあった沖縄の墓から、仏式の墓に様式が変ったということにすぎなくなる。それなら、「沖縄に墓ができたのは、これが最初である」という記録にはならない。

やはり、英祖のときに初めて沖縄に「墓」ができた。それ以前、沖縄には墓らしい墓はなかった、と解釈するのが順当のようにおもわれる。王権は文化の中心でもあるべきで、王権によってできた極楽山が、沖縄の墓の始まりであれば、それまでは、一般庶民はもちろん、王家もふくめて、沖縄には、墓の文化がなかった、と推測する以外はない。

そして、この極楽山の墓は、沖縄の墓の文化とつながっている形跡がない。

英祖以後も、一般的には、風葬の習慣がずっと続いていたと思われる。

「禅鑑の極楽山より、沖縄全土に向けて仏教は急速に広まった」とする、『郷土歴史読本』の記述もあやしくなってくる。

墓の発達の順序を『一千年史』は、初めは天然の洞穴を利用したが、やや進むと小さい丘に横穴を掘り、あとで平地にも造るようになった。今日までのこっている掘抜式、亀甲式、破風式がそれである、と説明してある。

この説明のどこにも、仏教文化の影響をうけたとおもわれる墓の形式がない。また、亀甲墓や破風墓が、沖縄の墓の文化から伝統的に生み出されたとするのはあたらない。

沖縄では、本土ほど仏教文化が定着しなかったことも事実であるが、そのことがこの墓の文化を通しても言えるのではないか。

死者をどう考えたか

とにかく英祖のときに、初めて沖縄に墓ができたという記録をふまえて、話を進めたいが、そのまえに、「風葬から墓へ」の移行が、何を意味するか、ちょっと説明しておきたい。

風葬時代の人間の意識、つまり死者をどう考えたかということから考えてみる。

風葬時代の人間は、まず死者の肉体を嫌悪し、恐れたことが考えられる。肉親が死ぬ、その霊は祀るが、死体は捨てる。死体には、悪霊がついていると考えたかも知れないが、とにかく、「死者の霊」は、祀ったところからみると、死者の肉体と霊を、はっきり区別して考えていたことがわかる。

死者の肉体をていねいに葬り、その葬った場所を、霊所として、一か所で祭祀する意識から「墓」が生れた。死者の肉体と霊が、そこでは、同一の場所になっている。風葬の場合は、死体が捨てられた場所は、祭祀の対象にはならない。

そこは、いつでも、誰でも行ける場所ではない。その場合の祭祀は、死者の霊を祀った家庭内で行なわれる。おなじ風葬でも、死者の霊も祀らなかった時代から、その霊だけは祀る段階に進んだのではないかとも考えられる。

とにかく、風葬では死体は捨てられ、死者の霊だけが家庭内で祀られたが、その祭祀も、おそらく家系とはつながらなかったとおもわれる。つまり、父祖代々の霊を祀ったかどうか疑問である。

「墓」では、死者の霊と肉体が一つになる。そして、家系とつながりがでてくる。

さて、風葬がいつの時代まで、沖縄でおこなわれたかということだが、私は、近世まで、その習慣があったと考えている。

私の家は馬氏門中だが、家では、年に清明祭を二回もやる。時には、三回やることもあった。家と本家の清明祭のほかに「カミウシーミー」というのがあって、遠い祖先とかかわりのあるらしい古跡を廻るのだが、その中に、崎樋川の拝所があった。

那覇市郊外、（現在は東急ホテルのある突端）の崎樋川の海に面した崖の中腹にある拝所に、私も三回ほど行ったことがある。

付近は、アダン葉が繁り、拝所というのは、崖の断面に、入口に石を積み上げてふさいだ横穴式洞窟である。

私は子供の好奇心から、中をのぞいてみたことがある。入口の石は、乱雑に積み上げただけだから、その隙間から中が容易に見えるのである。私は、洞穴の中をみた瞬間、これは「お墓だナ」と思った。同時に恐怖をおぼえた。人骨が一杯、散乱しているのである。「普通のお墓と違う」とも思った。

この崎樋川の拝所は、今から考えると、明らかに風葬の跡だったように思われる。

私が父から聞いた、この拝所にまつわる伝説を参考までに記しておく。

馬氏の祖は、奄美大島の与湾大親である。与湾は、大島の他の豪族の讒言に会って、尚清王の討伐をうけたが、王軍に抗せず、自決した。あとで「与湾の忠誠」が認められて、その長男、糠中城が首里王府に用いられ、その子孫は栄えたというのだが、この與湾大親の物語は、護佐丸のそれと酷似している。

与湾の次男を鮫丸といい、大島から兄弟二人が沖縄に密航してきて、初めて辿りついたところが、崎樋川の海岸だったというのである。この兄弟を、天久按司がしばらく隠し養っていたが、鮫丸は手に負えぬ暴れ者で、首里王府に対して敵愾心が強かったので、仕方なく、瀬長按司にあずけた。

そこで、「カミウシーミー」では、瀬長島も拝むのだが、崎樋川の拝所は、この伝説と関係があるらしい、というのである。それだけでは、どういう関係だかわからない。ところが奄美大島の歴史には、与湾大親とその長男、糠中城に関する記録はあるが、鮫丸の記録はない。

おそらく、与湾大親が自決したあと、糠中城は、尚清軍が人質として沖縄につれてきたのではあるまいか、そして、与湾が反抗しなかったので、糠中城を用いてその子孫を優遇したのではないだろうか。

崎樋川の拝所は、与湾大親の子供たちの話とは、おそらく無縁のものであろう。というのは、そこを拝むのは馬氏の子孫だけではないからである。いろんな系統の人が、そこを拝んでいるらしい。

思うに、崎樋川の拝所は、風葬の跡で、那覇や、その周辺に住んでいた人たちが、そこに死者をおさめたのではないだろうか。海岸だから、死体の風化に恰好の場所だし、断崖の中腹で、人里から遠く離れている。そういった場所は、那覇近郊では少ない。

百按司墓の由来

国頭郡今帰仁村運天港に面する丘陵の中腹崖下に、石垣をめぐらした中に沢山の白骨が収めてあり、俗に「ももじゃな」（百按司墓）と唱え、字では「百按司墓」に作ってある。この古墳の由来については、或は慶長役の時の戦没者ともいわれているが、球陽の伝えるところに依ると、尚徳の遺臣らを葬ったもので、墓内に木棺数個あって、皆「巴字金紋」を銘し、その一個やや新しきものに、「弘治十三年九月某日」と記されていると見えている。この木棺は明治三十八年中、故島袋源一郎氏が採集し、首里博物館に陳列したが、木製四脚又は六脚の唐櫃、屋根は破風造り、その壁の破片に巴字金紋の痕跡も明瞭に残り、又壁側には「弘治十三年九月、えさしきやのあし」の銘文も読まれる。「えさしきや」は羽地村伊差川のことで、おもろに「ゑざしか」とあるのもこれである。一七四〇年建立の護佐丸墓碑に、「此の洞に墓所を定め、内は屋形作にて、一族葬せるに云々」とあることで見ると、屋形造りの木棺に一族納骨する風が昔はあったものと思われる。弘治十三年といえば、尚徳一族の没落後三十年しか経っていないことであり、又その木棺に巴紋が刻されていたとすると、尚徳一族の遺骨とする所伝もまんざら虚伝ではなさそうである。（東恩納寛惇著『琉球の歴史』）

この百按司墓というのは、昭和十一年ごろ、私もみたことがあるが、やはり崎樋川の拝所と似たようなものである。洞穴の入口に石が積んであり、その石と石の間から中が見えるのである。木棺があったかどうか記憶にないが、人間の頭がい骨がごろごろしていたのは、はっきりおぼえている。

そのとき、異様に感じたのは頭がい骨の大きさである。現代人のものより大きく思われ、最初、つくりものではないかと思ったほどである。百按司墓というのは、おそらく当て字で、慶長の役の戦死者の墓というのも疑わしい。そういえば、崎樋川の拝所にも、戦死者の墓という伝説があった。ただ信じがたいのは、尚徳時代の木棺が、朽廃せずに残っていたということである。後代の人が、墓が荒されはしないかと、木棺をつくり、由緒ある墓だぞ、と思わせたのかも知れない。

そういう詮索はどうでもよいが、その「百按司墓」に、誰を葬ったかは問題ではない。問題なのは、それが、風葬の跡らしいということである。

運天港のその場所は、今帰仁にとって、那覇郊外の崎樋川に相当する場所である。海に近く、そこは小高くなっている。ここもおそらく、今帰仁一帯に住む人たちの風葬の場所ではなかっただろうか。昔は人口がすくなかった。尚真の時代には、琉球全体で十万たらずといわれているから、現在の那覇の人口の約三分の一である。

そういう時代だから、当時、那覇の近郊に住む人の数も知れたもので、今帰仁の場合、なおさら知れたものである。風葬の場所も、たくさん必要としない。

今帰仁や崎樋川の洞窟は一種の風葬墓で、現代に伝えられた、その代表的なものとみてよいと思う。あるいは、それらが、それぞれの地域の唯一の風葬墓であったのかもしれない。

最も古い墓の様式「ゆうどれ」

海岸に近い自然の洞窟をそのまま利用した久高島の風葬は、最も古い型であろう。それが、やや進んで、おなじ風葬でも、丘の斜面の横穴を利用するようになる。百按司墓や崎樋川がそれである。

『沖縄一千年史』に「横掘式」とあるのがそれで、浦添の「ゆうどれ」や首里の「玉陵」も、その一種である。天久に、糠中城を祀ってあるといわれる「ナナユフィー」という墓があったが、それも「浦添ゆうどれ」の式であった。

第二尚氏のある時期まで風葬の習慣が一般に行なわれていたと推測できる記録があるが、崎樋川式は、その頃までの庶民の風葬跡であり、「ゆうどれ」式は、それから発達したものであろう。崎樋川式と、「ゆうどれ」式は、第二尚氏のある時期まで並存し、一方は庶民の、一方は王族の墓であっただろう。

「ゆうどれ」式において、ようやく風葬習慣から脱却し、ちゃんとした「墓」の形式をもつようになった。だから「ゆうどれ」式が、沖縄の最も古い墓の様式であり、その様式は一般化されるには至らなかったと考えられる。

それにはいろいろ理由があろうが、経済的理由が最も大きかったにちがいない。「ゆうどれ」式は、多くの死者を次から次へ葬るに不便でもある。「ゆうどれ式」の一変形とみられる玉陵は、一種の例外で、門扉で開閉ができるようになっている。

同家系が、それぞれ墓をもつ習慣が一般化する幾つかの条件が必要になる。

第一、家系を重んずる封建制度の地盤が確立されなければならない。次に、その墓が、風葬の場合と同じ用途を果してくれなくてはいけない。つまり、次から次と、死者を収容する能力がなければならない。と同時に、それがちゃんとした墓であるためには、風化に任せるのではなく、洗骨の風俗がともなわなければならない。

その幾つかの条件を満たすものとして、中国式の亀甲墓や破風墓が登場する。おそらく門中意識というのは、これらの輸入墓を中心に発生したか、あるいは完成したものであろう。

慶長以前の沖縄

「亀甲墓は、琉球固有のものにあらず。其外形は南支那の風に倣ひしものにて、蔡温時代より盛に流行せりと云ふ」と『沖縄一千年史』には出ている。

『沖縄一千年史』の記述は、ここで、さきの記述と矛盾する。亀甲墓だけでなく、破風型の墓も、琉球固有のものとは言いがたい。チレボン郊外の華僑の墓地が、それを物語っている。

とにかくこの二つの中国式の墓は、それではいつごろから沖縄にきたかということだが、私は、慶長十四年以前か、それとも以後かということを問題にしたい。もし、慶長十四年（薩摩の沖縄侵攻）以前から亀甲墓や破風墓があったとすると、奄美大島にも、それらがあったと考えざるをえない。慶長十四年以後、奄美大島は薩摩の直接支配下にはいり、沖縄から切り離されたが、その後も、沖縄の文物制度が、生活の中に根強く残っていたことを考えると、墓の文化もつたえられたはずである。習俗としてそれは残ったはずである。

ところが奄美大島には、全然、亀甲墓や破風墓がない。とすると、慶長以後に、亀甲墓や破風墓は、沖縄に導入されたとみるほかはない。先述の『一千年史』の「蔡温時代より盛に流行せりと云ふ」という記録も、それをうら書きする。

なぜ、蔡温時代に亀甲墓が流行したのか、それには政策的な理由もあろうし、経済的、文化的な理由もあろう。いずれにしても亀甲墓や破風墓が沖縄にきたのは、ごく近世のことである。それが庶民の墓の文化となった歴史は浅い。

この墓の文化ひとつを例にとってみても、慶長以前の沖縄の民度がいかに低かったかがわかる。

慶長以前の沖縄の文化を知るには、奄美大島に残された古い沖縄文化の跡をたずねることが必要である。沖縄では、慶長以後の文化とそれ以前の文化がこんがらがっているが、奄美大島の場合は、慶長以後は政治的に切り離されて沖縄の影響が途絶したはずだから、慶長以前の文化や伝説が、わりに沖縄よりも純粋な形で残されているはずである。

私はここでひとつの仮説を立てる。

「亀甲式、破風式の墓は、南支那文化の直輸入である。輸入された時期は、慶長以後、だいたい蔡温の時代である。慶長以前の庶民の間では、風葬の習俗が根づよく残っていた。」

平安座島の石棺

―石棺文化の神秘―

沖縄の墓の文化考察

『琉球の文化』第二号（一九七二年）に「沖縄と墓の文化」という一文を載せたことがあるが、その骨子は、「風葬から墓へ」の過程を考察したものである。墓の古い原型は岩壁を横にくりぬいた横穴式のもので、「浦添ゆうどれ」などはその典型で、首里の玉陵もその一種と思えるが、さらにその原型を風葬跡にたどることができる。那覇市郊外の崎樋川の海に面した崖の中腹に、昔、そういう場所があった。そこは拝所になっていたが、付近は、アダンが繁り、崖の断面に石を積み上げて入口をふさいだ横穴式洞窟があった。私は、子供のころ好奇心から、中をのぞいてみたことがある。乱雑に積み上げた石のスキ間から人骨が散乱しているのを見たおぼえがあるが、いまから考えると、あきらかに風葬の跡だったようにおもわれる。いまでは沖縄の墓の代表のようになっている亀甲墓や破風型の墓は近世になってあらわれたもののようである。これは南支那の福建あたりの墓と同一のものである。昭和十九年ごろ、ジャワのチレボンという町の郊外で見た墓地群は、沖縄の亀甲墓や破風墓とそっくりそのままのもので、これは福建華僑の墓であった。

亀甲墓や破風墓が、沖縄在来のものでなく、中国南部の習俗の直輸入であることはあきらかで、それが沖縄で一般化したのは、慶長以後であるとみるのである。というのは慶長の役を境に琉球から分離され、薩摩の直轄領となった奄美地方には、その習俗がのこっていないからである。慶長以前に、亀甲墓や破風墓が沖縄で一般化していたとすれば、琉球国の領内であった奄美地方にも、その習俗はひろがり、それが慶長以後も残ったはずだからである。

真境名安興著『沖縄一千年史』にも「亀甲墓は、琉球固有のものにあらず、其外形は南支那の風に倣ひしものにて、蔡温時代より盛に流行せりと云ふ」とある。

『琉球の文化』第二号にのせた「沖縄と墓の文化」の要点は右の通りだが、その考え方は基本的にはいまも変っていない。

君臨した勝連王国の謎

ところで、その後、平安座島の墓や石棺をみてから、新たな問題が加わってきた。

平安座島を訪ねたあとしばらくして、次のような手紙を島の自治会長あてに出しておいた。

拝啓　その節は、貴重な石棺を見せていただき有難く思っております。早速、お礼をと心にかけながら、つい、諸事にとりまぎれて、御無沙汰したことをおわびします。

自治会長さんはじめ、協力してくださった方々に心からお礼を申しあげます。また、立ち会っていただいた中村栄春先生によろしく伝えてくださるようおねがい致します。

平安座の石棺については、その後、いろいろ調べてみましたが、まだ、しっかりした結論をもつに至っておりません。かなり時間をかけないと解釈できないような気がします。

石棺の時代考証もさることながら、平安座にあれだけの立派な石棺が、あんなに多く残っている事実など、なかなかその謎は、かんたんには解けそうもありません。崎間敏勝氏も独自に研究しているようですが、いずれ、解釈の手がかりがえられたら、なんらかの形で発表する機会があるとおもいます。その後の私たちの研究例会で、崎間氏が、「平安座島の石棺について」と題して、一応の発表はありましたが、それも、概略の意見と中間報告のようなものでした。

私にとって大きい疑問となるのは、それらの石棺が、いつごろできたかということも解明されなければならないことだとおもいますが、それにもまして、なぜ、あの立派な石棺群が平安座島に集中的に現存しているのかということです。

島の周辺に適当な石材がもとめられやすいからではないか、との意見もあるようですが、どうしてもその解釈だけでは満足できないような気がいたします。

あの石棺群が王朝時代、あるいはそれ以前の按司割拠時代のものと仮定しても、すくなくとも封建の社会では、材料（石材）があるからいくらでも造れるというものではなかったのではないかという気がします。

階級制度のきびしい時代だから、墓のつくりかたや棺材、棺の規模や形態などにも、やかましい規制があったものと考えられます。平安座島の石棺には、按司クラス用のものではないかとおもわれるちょっと豪華といいたいようなものがすくなくありません。そこで、私としては、漠然と、つぎの五点を考えています。

一、かつての勝連王国の文化や権威となんらかの関係があるのではないか。勝連は、ふつう考えられている以上に、強力な王国ではなかっただろうか。

二、平安座島は、勝連だけでなく、南山や北山の歴史と、なにか深い関係があるのではないか。平安座島は、中山による統一後の、南山や北山の豪族たちの亡命地ではなかっただろうか。「亡命の島、平安座」という歴史構想もなりたちうるような気がする。

中山による統一後も一勢力を温存した勝連按司をたよって、敗亡した山南や山北の按司や、その子孫たちがやってきて、それを、勝連王国の権力者は、平安座島にかくまったのではないか。そして、時代が下っても、それら亡命者の子孫たちは、かつての栄光に誇りをもっていて、死後の石棺だけは立派なものにしたのではないだろうか。
三、勝連王国が、第一尚氏尚泰久の時代に中山に滅ぼされる。そのときの勝連の豪族の一部が平安座島にのがれ、その子孫がひっそりとそこでくらしたのではないか。
というふうに、どうしても、平安座島の立派な石棺群と、歴史上の豪族たちをむすびつけて考えてみたくなる。

生産力のひくい時代の小島の経済生活から想像するに、例の石棺群は、失礼ながらあまりに不釣り合いの感じをうける。
四、それとも、平安座の海運や貿易が、ふつう考えられている以上に、古い時代から盛況で、あの石棺群を残す十分な経済力をもっていたのだろうか。
五、右のようなこと以外に、あるいは、平安座に強い独特の信仰があって、その信仰が原因となっているのではないだろうか。
あの大きな重い石棺を、けわしい丘上や丘腹に運び上げて安置したり、海岸の不便な洞穴墓にたくさん集めて合祀してあるが、それは、たいへんな努力を要することである。

島内の石材を使うにしても、昔の運搬能力では、おおかた人力によらなければならなかったはずであり、石材を対岸の本島から運ぶにいたっては容易なことではなかったとおもう。

そういう努力をおもうと、平安座の石棺には、「日常性」というより、「非日常性」を感ずるのである。それに、石棺製作技術のことも問題になる。

あるいは、右にあげた五点は、それぞれが唯一の理由というより、そのいずれも、あの石棺のナゾにふくまれているのかもしれない——。

以上のことを、さし当って考えていますが、「平安座の石棺」が沖縄の歴史をとくカギ、つまり有力な物的証拠のひとつとなりうることが十分に予想されます。それには、沖縄の歴史だけでなく、日本、朝鮮、中国、あるいは南方諸国の歴史とか、石棺に関する伝統文化のようなものも調べてみる必要があります。だから、早急に結論を出せる性質のものではないが、たしかに貴重な歴史遺産であることはまちがいありません。

崎間氏は別個の意見をもっておられるかもしれませんが、私としては、以上のようなことを考えています。手がかりになる文献資料がまだ手にはいりませんので、いまのところ、なんとも申しあげることができません。

貴重な石棺をみせていただいたことを心から感謝いたします。

今後もよろしくおねがいします。

琉球文化歴史研究会　太田良博

与那城村平安座自治会長　上里正光様

東海岸で集中的に発見される石棺

右の私信は、平安座島の石棺を見てまもなく出したお礼の手紙で、あのなかであげた五つの仮説については、当座の思いつきでもあり、まだ、なんとも言えない。

その後、県立博物館を訪ねて話を聞いたこともあるが、平安座島の石棺については、はっきりしたことがわからないままである。

県立博物館にはかなりたくさんの石棺が集められている。平安座島のものもあるらしいが、おおかたは他の地区から出たもので、石棺は各地から出ているようである。だが、勝連あたりを中心とする東海岸側から集中的に発見されているのが、いまのところひとつの特色であるようだ。

石棺といっても、直接、死体をおさめるものではなく、洗骨したあとの人骨の容器だから、厳密には「石厨子」といったほうがよいかも知れない。現に博物館では、石厨子の用語をあてているようだが、ここでは石棺としておく。石棺は、形が簡素であればあるほど時代が古く、細工をほどこしたものは、乾隆以後の近世のものがほとんどであるという。首里の玉陵が、戦禍をうけたままのとき、その内部を見たことがあるが、博物館の写真資料でみても、玉陵内の石棺（石厨子）は、そんなに豪華なものではない。

平安座の石棺のなかには、玉陵の王や王妃のそれをしのぐものがある。

ガルフが石油施設をつくるときに取り出されたのが一か所に集められて保存されているが、海岸の近くには石棺をおさめた墓がそのまま残っている場所もある。懐中電燈で入口の穴から内部を照らしてみたらクチャ層を掘りぬいた洞穴空間のなかに何十個という石棺があり、それがいずれもみごとなもので、彩色がまだあざやかなものもあって壮観としかいいようがなかった。

風葬から石棺へ

琉球西端の与那国島には亀甲墓や破風墓がたくさんあるようだが、沖縄の離島で、いまは海中道路で本島とつながっている平安座にそれがないというのは不思議である。現在の破風型の墓地集落はガルフ石油が戦後つくってあげたものである。

琉球の葬送墓制にはおおまかに二通りがあると考えられる。ひとつは、亀甲墓や破風墓を中心とした門中制のそれと、もうひとつは、それよりもっと古い習俗とみられる共同墓である。門中墓が血縁関係を基礎にしているのに対して、後者は地縁関係を土台とする村落共同体の墓で、平安座の場合は後者の例に属する。平安座の共同墓は、その数が多く、一三〇余もあったといわれるが、そうなると、部落全体の共同墓というより、たくさんの組があって、それらの組の寄合墓といった形をとっているようだ。その組、つまり、ひとつの墓に合祀される数（共有戸数）は、ほとんど三、五、七、九といった奇数になっているようだが、ひとつの共同墓に合祀される死者はかならずしも血縁関係のものとはかぎらないようだ。ここで共同墓というのは、洗骨されたあとの骨をおさめた石棺（石厨子）を安置した人工の洞窟のことである。では、洗骨前の死体はどこに葬るかというと、後生山のようなものがあって、つまり自然の洞窟などに葬るのだが、それはまったく古代風葬の遺風であり、その風葬と立派な石棺が洗骨を媒体としてつながっているのである。

どういう生活環境や信仰形態が平安座の葬墓制を生んだのかは今後の研究に待つほかはないが、部落内の近隣共同体がいくつもの葬式組をつくっているとはいえ、閉鎖的な村落共同体が長く続いた歴史を考えると、そのなかでの血縁関係は入り組んでいて、部落内の人たちは、まったくの赤の他人同志でもあるまい。その意味では、門中墓と内容が似てくるが、平安座の墓制は親族意識を中心としていない点と、風葬形式の第一次墓地と洗骨しておさめた石棺を安置する第二次墓地をもつ両墓制をとっているのが特徴である。

また、島が小さいので亀甲墓や破風墓を受け容れなかったのかという気もするが、平安座はやはり門中制とはちがった葬制をもっているようで、ガルフ社が建造してやった最近の、新しい破風型の墓地群にしても、いわゆる門中墓ではなく、従来の葬式形式をとっているようである。

珊瑚礁の岩盤の上にうすい土層しかないこの島では、わずかな土層は農耕に使い、山の斜面や崖を利用しての岩窟風葬や納骨石棺の墓制が伝承されたのかもしれない。

それにしても風葬形式の第一次葬と、第二次葬の、あのずっしりした石棺とは、みごとな対照である。その間には、歴史的、文化的、経済的にくっきりした断層が感じられるのだが、風葬と石棺とが直線的につながっているところをみると、葬制についてみるかぎりでは、地縁的共同社会を土台にした平安座式葬制がもっとも古く、門中墓制は中国南部あたりの影響をうけながら近世に発達したものとおもわれる。

ただ、平安座のような、かつて不便な離島だったところに、あれだけの石棺製造技術があったというのは注目すべきである。

石棺（石厨子）のデザインその他をみると、仏教の影響がよみとれるし、なかには旧首里城正殿を模したのがあって、首里文化とのつながりが感じられる。

沖縄の石棺文化がどういう歴史段階で、どこから伝わったのか、どういう分布状態であるのか、その共通点や特色など、いろいろ興味ある問題がわいてくる。

「奥武」と「青」の世界

「奥武」は葬所の名称か

仲松弥秀氏の『古層の村・沖縄民俗文化論』（一九七七年　沖縄タイムス社）のなかの『奥武《オウ》』考」のなかで、羽地村の奥武島と奥武ガマ、泡瀬の奥武島、玉城村の奥武島、久米島の奥武島、慶留間島の大小二島の奥武島、那覇市漫湖中の奥武山などの地名があげられている。

これらの地名に共通する特徴として、仲松氏は、つぎの諸点をあげる。

一、陸（主島）から目と鼻の先に位置している。

二、集落のない島々であり、現在は集落があっても大古にはそれが存在しなかった、いわば人居のない島であった。

三、いずれも小島である。

四、古代の、あるいは古代からの墓島である。

「奥武」名称の小島の共通点として列記された右の四点のうちのさいごの「古代からの

墓島」であるというのが、「『奥武』考」の結論になっている。

いくつかの判断材料をあげて、そこから結論がみちびきだされるのだろうとおもっていたら、判断材料のなかに、すでに、結論がまぎれこんでいるといった感じである。

共通点としてあげられた四点のうち、「奥武」が、「主島に近接する小島」(一と三)であるという地理上の説明は、異論の余地がない。「かつて無人の島であった」とする第三点についても「『奥武』考」の説明のとおり納得してもよい。

問題として残るのは「奥武」が「墓所」であったとする解釈で、その解釈がまた「『奥武』考」の主要な論点となっている。

その論拠として、「『奥武』考」では、つぎのように説明している。
(イ)羽地の奥武は、もともと古来からの真喜屋、稲嶺、仲尾次村落の墓地の島で、海岸には到るところ、恐らく風葬骨を集納したものと思われる古墳がある。この島に接する奥武ガマ(小岩島)も古墳で占められている。
(ロ)泡瀬の奥武は、近代からの墓地島となっているが、外に誰も管理する者なく打捨てられている風葬骨と思われるものが集納されている洞穴がある。このことは古代においても葬所島となっていたことがわかる。
(ハ)那覇の奥武の山は、島の東側に琉球石灰岩が付着しているが、そこに古墳があった見覚えがある。慶留間知徳氏著「琉球祖先宝鑑」には大古の墓が其の地に存在していると記されているのを見ると、この島も古代の葬所であったのであろう。
(ニ)玉城の奥武は、集落は比較的歴史が浅いが、それ以前は墓地島であったと思われることは「たからグシク」といわれる場所があり、人骨が各岩蔭に散在していたのを集骨したとのことを古老から聞いた。
(ホ)久米島の奥武は砂地の島、古墳があるとは聞いていない。しかし仲松氏から示された仲里旧記には「あふのお嶽」が記されている。このことから推して、此の島も古代の葬所であって、お嶽の付近に人骨が埋葬されているのではないかと思う。
(ヘ)慶留間島の奥武は大小の二島から成り、大きい方には「奥の大地御嶽」、小には「アフノ御嶽」が在るという。この二つの島とも風葬所になっていたのではないかと考える。

陸地に近接した小島説

以上のような点をあげて、仲松氏は、つぎのように結論する。

「奥武」地名の島は、陸地に近接した小島をなしており、乏水性の島でもあり、古代生産性の低い時代には集落立地には不適なところではあるが、葬所としては最適な条件を持っていたと思う。おそらく沖縄の古代人は最初は集落近い場所に葬所を選定したであろうが、次の時代には、もし付近に近接した小島があった場合には、その小島を葬所としたのではなかろうか。このような小島が「奥武」であって、この名称は葬所としての機能の面からの名付けであろうと思われる。

仲松氏は、「奥武」各島を「墓地島」としている。

例挙されているその墓地島について、すこし立ちいって考えてみると――。

羽地の奥武には、古来からの墓があるという。

泡瀬の奥武は、「近代からの墓地島」であるが、「古代においても葬所島」であったことを推定している。

那覇の奥武山は、「古墳があった見覚え」と、『琉球祖先宝鑑』に古墳があったという記事をたよりに「古代の葬所」を推定している。

玉城の奥武は、「たからグシク」という場所の存在と、「人骨が散在していた」という古老の話から、やはり、「古代の葬所」を推定している。

以上の場合、墓があることがわかるのは、羽地の奥武と、泡瀬の奥武だけで、那覇の奥武と玉城の奥武は、墓があったらしいという伝聞であり、いずれの場合も、古墳は推定されているだけで、その推定の確たる根拠は示されていないし、まして推定年代についてはなにも明らかにされていない。とにかく、「古墳の存在」は、ひとつも実証されたものではない。

「アフ」は青に通ずる墓地説

ところで、仲松氏の推定するように、右に例示された奥武各島に墓地が古くからあったとしても、墓地の存在と島の名称との関係はわからない。

久米島の奥武や慶留間の奥武の場合は、「あふの御嶽」といった、島にある拝所の名称から、逆に「古代の葬所」が推定されていて、墓地の存在は確認されていない。

仲松氏は、墓の存在と、島の名称の関係をつぎのように説明する。

オモロには、久米島の奥武は「あほ」と記され、『仲里旧記』には「あふ」とあり、これは、他の奥武（主島に近い小島）にもあてはまるのではないかとし、また、別に『琉球国由来記』などから、奥武以外の、沖縄本島や、その周辺離島にある拝所で「アフ」「アヲ」「アウ」のつく拝所名をぬき出し、これらを「アフ系」名称とし、奥武の「アフ」も、拝所の「アフ」も、すべて「青」の意とする。

ここで、「奥武」が古来墓所の名称とする説と、「奥武」が「青の思想」と連なるとする二重の説が重なってくる。

「青」を、仲松氏は、つぎのように解釈する。

拝所である「お嶽」や「奥武」は、ともに古代の墓所で、「アフ」また「アホ」は、墓所の古代名であると考えられるとし、その「アフ」や「アホ」は「青」と通ずる言葉であるとする。仲松氏の言葉を借りると、

死人は「あの世」に行く。「あの世」は草や木が茂っているところ、年中鳥や花に包まれ、涼気が充ち充ちた平和な世界であり、あらゆるものが「青々」としている。このようなところが風葬地であると古代人は想って、これを硬く信じ、ここから霊魂は昇天して神と化していく。「青島」は奥武島、「青山」は奥武の山と言葉は変る。「青」の思想は、やがて「蒼冥」の語をも産み出す。

ということになる。

「アフ」や「アホ」が、どうして「青」に通ずるのか、私には、よくわからない。音韻が似ているというだけで、言葉の関係が理解できない。

そして、「青」が、どうして「墓地」の意味になるのかもわからない。「あの世」が古代人にとっては、青々として草木が茂る場所として信じられたという、古代人の信仰内容が実証されないかぎり、「青」が「墓地」を意味するという判断がなりたたないのではないかとおもわれる。

オモロの「あふ」は聖なる所説

昭和五十三年二月二十五日の『サンデーおきなわ』に、「離島物語」というのがあって、筆者は桃井幸若という人だが、仲松弥秀氏の「『奥武』考」を全面的に支持している。

そのなかで、オモロ語の「あふ」は、色彩としての「青」という意味より、「聖なる場所」としてつかわれている、という外間守善氏の言葉を引用したあと、つぎのように書いてある。

国立国語研究所発行の沖縄語辞典をみると、青のことをオールーと書いてある。（中略）そこで私は地図を拡げてみた。オールーとか、オールという島はないものか。あったのである。名護市の安部（アブ）、つまり東海岸の大浦湾に面したところに、安部（アブ）オール島という小さな島がある。現地ではアブオー島と呼んでいる。これはきっと青島に違いないと思って仲松先生に聞いてみた。先生の回答は明快であった。あれはまさしく青のオールーであると。先生はこの島に渡り、そこがやはり古い墳墓の地であることを確かめておられた。それから、もう一つ気になる島がある。それは津堅島の北方にあるアフ岩である。津堅島に行ったとき、地元の古老に聞いたが、どうやら、ここには墳墓はないが拝所はあるという。アフというのは聖域だとする外間先生の説があてはまりそうである。

ところで、奥武と名のつくところがまだあった。勝連村にあった奥武島（オーブヤマ）で、（中略）吉野勇吉村長の言によると、かつての奥武山（オーブヤマ）には貝塚や人骨があったという。私が思うにオーブと読んでいるのは、オーに奥武（筆者註・オウブともよめる）という文字をあてたので、永年のうち、これがオーブと発音されるに至ったものではないか、もともとはオーであったのではないかと考えるのである。〉

右の文章は、仲松氏の「『奥武』考」に対して補強的役割を果たしている。

「『奥武』考」は、たしかにまじめな論考である。その論考を、頭ごなしに否定するというわけではないが、私としては、いくつかの疑問をいだかざるをえないのである。

中国的名称で「入江」の意説

明治三十四年七月十五日の『琉球新報』に「奥武山名称考」という記事がある。奥武山公園は明治三十四年の六月に開園しているが、そのときの関連記事の一つである。その全文を紹介する。

　今度できた公園の名は奥山とも奥武山とも奥武野山とも漢字では書くようだが、言葉で言へば同じく（オーヌヤマ）であるようだ。然らばこの（オーン）は何の義であろうか。このオーンは澳の字であろう。中国字典では澳は（アウ）なり。隈崖なり。

または崖内近水之処、また脊奥深きなり、水名なりともある。本縣では奥武山の外に玉城間切に奥武島といふのがある、この島も曲りたる狭き海水にへだてられて玉城の断崖と相對し、頗る絶景の地で、久米村人の建立にかかる観音堂がある。南清福州厦門（アモイ）の近海にも、澳または嶴と名のつく地名があって、たいていは陸に近き小島であるといふ。近來、開港場となった福建省の□□府所属の三都澳もその一つであるから、—澳、嶴、奥武は同意義であると考えられる。地理学上の術語としては、海水の長く狭く陸地に入り込んで湾ともいへず、何ともいへない所をフィーヨルドと称へ、スカンジナヴィア半島の那威（ノルウェー）沿岸には沢山その実例があるが、そのフィーヨルドには、中国では澳、または嶴などの漢字をあてることになっているのである。

これによって考ふれば、奥武はどうしても支那的名称であって、恰も慶良間を馬歯山といひ、宮古を太平山といふが如く、この島には池城山（筆者註、那覇江の奥武山）といふ固有名称があるにもかかわらず、いつのまにか抹却せられて奥武山と呼び改めたものであろう。……

字源では澳は「水の曲り入りたるきしべ、くま、隈崖」とあり、嶴は「澳に同じ。みなと」とある。岩波『中国語辞典』（倉石武四郎）によると、澳は「ａｏ」（アオ）と発音するようだ。ノルウェーのフィーヨルド（峡湾）のことを、中国語では澳とよぶらしいから、澳または嶴のもとの意味は、入江のような所とおもわれる。

さて「奥武」が、仲松弥秀氏の『「奥武」考』でいう「青」からきたものか、明治三十四年の『琉球新報』の記事「奥武山名称考」でいう中国語の「澳」からきたものであるのか、にわかに断定しがたいところである。

那覇の入江にうかぶ奥武山が、中国人の居留地であった那覇の久米村に近く、玉城村の奥武島にある観音堂が中国人の手で建てられたものであるといわれるところをみると、「奥武」の名称が中国語の「澳」と無関係ではないような気もする。

仲松説に疑問あり

仲松氏の「『奥武』考」には、それに、つぎのような疑問点がある。

一、仲松氏は、「グスク」も「お嶽」も、葬所としている（「グスク考」および「お嶽の本体」）ようだが、たとえば、おなじ葬所で、いっぽうは「グスク」とよばれ、他方では「奥武」となっているが、これは、どう解釈すべきものか。

二、陸（主島）に近接した小島が「奥武」であり、その小島は葬所であるがゆえに「奥武」とよばれるということだが、それでは、地形的におなじような条件をもつ小島が、ほかにいくらもあるが、それらはなぜ「奥武」とはよばれないのか。葬所ではなかったのか。そうなると、陸に近い小島に墓地を求めるというのは、古代人の一般的習慣ではなかったことになるのではないか。「おそらく沖縄の古代人は最初は集落近い場所に葬所を選定したであろうが、次の時代には、もし付近に近接した小島があった場合には、その小島を葬所としたのではなかろうか。このような小島が『奥武』であって、この名称は葬所としての機能の面からの名付けであろうと思われる」という「『奥武』考」の推定は、「奥武」の名称をもたない、地理的にはおなじ条件の島が、「奥武」名称以外にいくらもあることからみても、すっきりしない。

三、「奥武」は「青」に通じ、「青」は葬所を意味し、葬所は、草木が繁茂している場所でなければならないとすると、「奥武」名称の小島のなかには、あてはまらないのがあることになる。「『奥武』考」のなかで、「慶良間の奥武は、大きい島々に包まれた小さい岩島でしかなく、また羽地奥武の南約六〇メートルへだてた奥武ガマとなると突兀たる岩山島である。」と指摘している。

四、「あらゆるものが「青々」としている。このようなところが風葬地であると古代人は信じていた」というのが「『奥武』考」の重要なポイントになっている。

古代ということなら、沖縄本島のいたるところが「青々」としていたはずであり、むしろ、「奥武」とよばれている近接の小島より、主島のほうが鬱蒼たる森林におおわれていたとみてよい。古代人が「青」の場所に風葬地を求めたというなら、とくに、「奥武」名称の小島でなければならないという理由はうすらぐ。

五、本島の各地に風葬地だった場所がある。古代人の墓は、いたるところにあったと考えられる。

これらの風葬地の多くは、「青」の意とされるアフ系の名称とは無縁で、無名である。

六、「奥武」名称の島が、沖縄島の周辺に限られ、先島諸島や奄美諸島などにみあたらないとすれば、別の角度から問題となってくる。アフ・アウ・アヲが「青」に通じ、葬所を意味する古代語であるとすれば、沖縄とおなじ古代基層文化圏に属するとみられる奄美や宮古、八重山に、そういった葬所に関する肝心な類似点がみられないとすれば、「青」自体の解釈が問題となってくる。

七、「アフ系」名称がもともと葬所を意味したというなら、それが主島隣接の小島にのみ多く用いられるというのは、なぜだろうか。その名称がなぜ主島周辺の小島に限られ主島内の葬所には用いられないのか。

八、古代において「アフ系」名称が葬所を意味したというのは、たんなる推測であって、言語学や民俗学に証明された事実ではないとおもわれる。

九、奥武が古語の「アフ」や「アホ」からきており、「アフ」や「アホ」が葬所を意味したとすれば、それがのちに奥武名の島の名称になったのか、それとも、奥武が地理的なある条件をもった島の名で、そこがたまたま葬所として利用されたのか、普通名詞としての奥武の因果関係がはっきりしない。

十、地先に位置し、しかも風葬地であったということでは、まったくおなじ条件の小島が「奥武」とよばれない例がある。〈たとえば、勝連のヤブ地島など。〉それはなぜか。

仲松弥秀氏の「奥武」に関する論考は、以上のべたことによって、頭から否定もできないが、積極的に肯定することもできない。

Ⅱ 歴史の解釈

「人類館」事件の真相

「人類館事件」の論説

大田昌秀著『醜い日本人』に「歴史的な差別と偏見」と題して「人類館事件」がとりあげられている。この事件は、大田昌秀氏の他の論説のなかにも、たびたび引用されている。ほかの人たちの書いたものにも沖縄にたいする本土の差別と偏見を問題にするばあい、この事件を引用してあるのを見かけるが、最初にとりあげたのは、大田昌秀氏であるようだ。他はほとんどその孫引きとみてよい。

一九〇三年（明治三十六）におきた、この事件について、『醜い日本人』は、つぎのように説明している。

　大阪で第五回勧業博覧会が催されたさいのこと、学術人類館の会場には、映画のセットよろしく茅葺小屋がしつらえられ、中には二人の沖縄婦人が「陳列され」、説明者が、「此奴は、此奴は」とムチで指しながら動物の見世物さながらに沖縄の生活様式とかを説明していた。

これをみて憤慨した県人の一人が「琉球新報」に投書し、生活現象を紹介するというなら他に良策もあろうに、娼妓を連れてきて、「琉球の貴婦人」だと言っている。また人類学研究のためというならあらゆる人種を集めるべきはずなのにそうはしていない。現に浪速にも歯を染め眉をそった婦人がいるのに陳列していないではないか、と怒りをぶちまけた。同紙は、すぐ「同胞にたいする侮辱」と題する社説をかかげ、学術人類館とは名ばかりで、世人の好奇心に投ずる見世物的陳列にほかならないと論難した。

「人類館最初の計画は、支那婦人までも陳列するはずなりしが、それは支那公使の異議により中止し、すでに陳列されたる朝鮮婦人についても目下、韓国志士その撤回を運動しつつあり。しかしてその理由とするところは、隣国の体面を辱しむるというにあり。この挙、外国にたいして侮辱なれば同胞にたいしても侮辱なり。かかる侮辱を進んでなす冷酷の陳列者に向って多くの事理を述べる必要なし。わが輩は当局者に向って速かにこれが中止を命ぜんことを勧告す」

同新聞は相ついで「人類館を中止せしめよ」という社説をかかげ、その中止を要求した。

「大阪朝日新聞」も「人類館の不都合」と題しつぎのとおり論評した。

彼の人類館なるものが、学術の二字を冠する如きは、僭越の至りにして、事実は生きた人間を観せ物にするものである。今の世の中では動物にたいしてさえ、保護の方法がある。たとえ知識、生活程度が最低の者にせよ、人類を公衆の前に観せ物としてさらし、侮辱を加えるは、博愛仁慈を標榜する文明人のなすべきことではない。いわんや知識および生活の内地同胞と、何らの差異なき沖縄婦人をや。先には支那人及び朝鮮人にたいしては、各その本国人の抗議によって撤去せられしに拘わらず、却って直接なる我が同胞を曝し物として世人も之を咎めず、当局者も知らぬ顔をなし、面白げに之を見物するが如きは、如何にも無情極まる次第といわねばならぬ。

同紙は、さらに、付言して言う。

彼の沖縄婦人は、甘言をもって誘拐されたもので、その実情を察すれば気の毒にあらずや。しかるに世の宗教者は、彼の醜業婦の舞踏などについては、青筋立ててやかましく論じながら、この憐むべき同胞の窮状に至っては、傍観してさらに知らざるものの如くなるは、われわれのさらに解し難きところである。（明治三六年四月二七日付）

以上が、大田昌秀著『醜い日本人』からの引用である。

事実と異なる大田昌秀氏の記述

では、「人類館事件」とはどんなものだったか、その真相を知る必要がある。そのばあい大田昌秀氏の資料の提供の仕方には問題がある。「大阪で第五回勧業博覧会が催されたさいのこと、学術人類館の会場には、……」と彼は書いている。

読者が、大阪の第五回勧業博覧会の会場内に、学術人類館なるものがあったようにうけとる書き方である。人類館が同博覧会の正式プログラムのひとつになっていたようにうけとられる形で資料が出されている。大田昌秀氏は他の論説のなかでも、この事件に関しては、そういう形で資料を利用している。事実はかなり違うのである。

政府主催の第一回内国勧業博覧会がひらかれたのは一八七七年（明治十年）で、場所は東京の上野公園である。二回が一八八一年（明治十四年）、三回が一八九〇年（明治二十三年）で、いずれも場所は上野公園、四回目が一八九五年（明治二十八年）京都である。第五回内国勧業博覧会は、一九〇三年（明治三十六年）三月一日から七月三十一日まで、大阪で開かれた。場所は大阪南区天王寺今宮である。観覧時間は午前八時から午後五時まで、日曜、水曜、土曜日は館外指定の場所（もちろん場内）に限って午後五時から同十時まで、夜間入場が許可された。同博覧会の総出品点数は、三二五、六七五点、観覧料は一枚五銭であったが、この第五回大阪勧業博覧会は、とくに規模が大きく、空前の盛況を呈したといわれ、はじめてイルミネーションが用いられたことで有名である。四月二十日には明治天皇が閲覧した。

同博覧会の会場の設備はつぎのとおりである。

本館（建一三五、〇〇〇坪）で、林業、水産、農業、工業の各展示場にわかれていた。参考館（二〇九坪）、器械館（一七〇八坪）、通運館（六九三坪）、美術館（五五八坪）、温室館（九五坪）、動物館（七六六坪）、簡易植物館（二六坪）、式場（四四八坪）

いわゆる「人類館」なるものは、博覧会場のどこにも、その設備がなかった。また、政府主催の行事で、天皇が行幸する場所に、そんなものをおくはずもなかった。同博覧会には沖縄県からも特産品を出品したが、それでは、言うところの「人類館」なるものはどこにあったのか。「人類館」が博覧会場の外にあったことは、当時の新聞記事をみてもわかるのである。

明治三十六年四月四日の『琉球新報』に、大阪在住の県出身者とおもわれる人の投書があるが、そのなかに「博覧会の門前に業々しく学術人類館とて、表面に朝鮮人、北海道アイヌと伍し、わが県婦人の額をかかげ、数種人類を収容し、その要は人類を蒐集し、人類学参考の微恵にあり、……動物小屋のような所に閉居させられ、進退自由ならず、一挙一動、説明者の言の下に動作するという苦境に呻吟しつつあり、……その口実は、――各自の生活住居の現象を実現し、社会に紹介するにあり……」とあって、そもそも真実、そういう目的なら、こんな拙劣な手段をとらなくても、ほかに良策はいくらもあるはずで、文明の今日、人権蹂躙はできないにもかかわらず、このような拘束的所為をなし、しかも恬目として恥じざるに至ってはおそらく、これらの人種を度外視し、侮辱したものである。人類学研究ならもっと人種をあつめるべきで、天保おやぢのチョンマゲや歯を黒く染めた婦人もいるじゃないか、という意味のことが書いてある。

ここで注意すべきことは、「人類館」が、「第五回大阪内国勧業博覧会」の正式行事とは、何の関係もなかったということである。

商売人が博覧会を利用して「人類館」と称する見世物小屋をたてて金もうけをたくらんだものであることは、新聞の関係記事をよんだだけで、すぐわかるのに、大田昌秀は、「民間の商人が金もうけのためにやった催しであること」はぼかして「大阪で第五回勧業博覧会が催されたさいのこと、学術人類館の会場には……」と、いかにも政府主催の博覧会のプログラムのひとつであったように誤解されるような、あるいは同博覧会と関係があったとおもわせるような書き方をしている。

「人類館」興行の内幕

人類館はカヤブキの貧弱な掘立小屋で、およそ博覧会施設といったようなものではなかったことがわかる。「動物小屋のような所」だったのである。中は畳をしいてあるが、それも最初はワラをしくつもりだったのが、陳列される当人らの不服があって、畳にしたということである。

そのなかで、沖縄の娼妓が高麗煙管（朝鮮キセル）といわれる陶器製の煙管とコバのうちわをもって坐っている。ほかに印度のキリン族七名（うち女二名）、ジャワ人二名、トルコ人一名、アフリカ人一名、台湾の山地族一名、それにアイヌ人などがおった。

「人類館」につれてこられた辻の遊女二名は、見世物に陳列されるとはつゆ知らず、詐欺手段にひっかかったようで、その話によると、鹿児島汽船会社関係の大阪にある山中廻送店の主人某の依頼で、沖縄県那覇市の吉田店（県庁附近にあったらしい）の番頭某が辻の遊女を周旋したということである。山中廻送店は、別のところから斡旋をたのまれたようである。当時の約束では、博覧会に沖縄の物産を陳列するので、とくに沖縄婦人を店頭において観覧者のサービスをさせるという条件だったらしい。つまり、案内嬢か、今でいえばコンパニオンというわけだ。

食べ物も上等のものをあたえる、給金は一人一日一円づつときめて、前金として二〇〇円が渡された。大阪では気ままに博覧会を見てもよいし、大阪市内見物もさせる、また、博覧会の開催中は、貴顕紳士の宴会もあるから、そのときは給仕として宴席にでてもらいたい、そういうときは腕次第で二十円ぐらいのチップもふところにはいるだろう、といった甘言でつられたようである。

当時、だいたい芭蕉布の上等品が一反で一円六十銭、久米島紬の上等品が四円七〇銭で買える時代である。かりに当時の一円を今の一万円と計算して、給金が毎日一万円、前約金として二〇〇万円、宴会にでたら二十万円のチップがもらえるというわけである。そういった言葉で誘惑されたことになる。大阪に着くと、宿屋にもいれず館内の板間の小屋にとじ込め、いっさい外出を禁じ、寒中、センベイぶとんをあてがい、食事も粗末なもので一日二食だったという。

誘惑された辻遊廓の娼妓二人は、そんなこととわかれば、一日に百円、いや千円くれるといっても承知しなかったのにと、泣いて訴えていたといわれる。

博覧会の会場外とはいっても、会場の近くで、どうして、こんな民間興行物が許可されたのか不審だが、「学術人類館」という名前にごまかされたのかも知れない。大阪の新聞がつたえるところでは、同館の営業については、はじめからいろいろ所轄の警察署でも問題になっていたようだ。もし、人類館に出演するもので、その本国政府から何らかの抗議があったら興行認可証を取消すという条件であったようだが、開館以来、まず地元で非難の声があがり、また、内容が「学術」とは、およそかけはなれたもので、見世物的な興行内容であるので、警察としても大目にみていいものか、興行認可を取消すべきものなのか迷ったらしい。

『琉球新報』の投書は、「おもうに、この挙や大阪人特有の人情、紙よりもうすく、黄金、命よりも重しという、ひややかなる根性を有する、ある一部の貧婪な輩の営利的手段にほかならんか……」と非難し、それについて『琉球新報』は「他府県人と本県人の間にとかく感情の融和せざるは、利害において関係を異にする所あるにあらず、ただ彼らが我を実価より以下に見下す結果のみ、而して人類館の如きは、劣等の婦人を以て貴婦人を代表せしめ、茅葺小屋を以て住家を代表せしめ、コバうちわと高麗煙管を以て汁器を代表せしめ、全国の観者をして、このていどを以て本県を評価せしむ……」と論難している。

この人類館事件が沖縄で問題となると、二名の辻娼妓の手引きをした那覇の吉田商店の番頭某は、おもわぬ結果におどろいて、早速、大阪の興行者に交渉し、いくらか前借の金を返すから、二人の女を沖縄に帰してほしいと相談をしたが、契約の相手（興行者）は、これをことわった。

辻遊廓の関係者からの苦情に、困惑した吉田商店の番頭は、あべこべに、あんまり騒ぐとためにならんぞ、「町屋」がどうでるかわからんぞ、といっておどかした。

「町屋」というのは、当時、那覇の商権をにぎる本土の寄留商人たちを総称した言葉で寄留商人は、辻遊廓にとって最大の顧客層だから、「町屋」という名をきいただけで辻町はふるえあがるといった世相だったらしい。

「町屋」だってバカではない。この吉田商店の番頭がやったことに同情するのは、いるはずもなく、沖縄の体面を汚辱したというので、例の番頭は周囲から白眼視されたようだ。ただし吉田商店の番頭が沖縄出身者だったか他県人だったかは判明しない。

そのころ、東北地方に災害があって、沖縄では、飢餓に悩む東北農民のための義捐金を募集する計画があったが、人類館事件のために、その計画も沙汰やみとなるという派生的なこともあった。

「人類館」側では、ついに四月三十日、沖縄の二人の女性を帰した。辻娼妓、上原ウシと仲村カメの二人は五月十七日の薩摩丸で帰県したが、彼女らの話によると、「人類館」の経営者は、神戸のある米穀商で、西田某という者だったらしく、その西田某が、上原と仲村の二人に手当てとして出した金は四百円だったが、実際、彼女らの手にはいったのは、一人当て百二十六円、計二百五十二円で、残り百四十八円は誰の手にはいったかわからない、とのことだったようだ。しかし、当初の約束は一人百三十円だったというから約束にちかい給金はもらっているわけだ。

事件にからむ大阪の回漕問屋

この事件は、沖縄県民をバカにしたということで表沙汰になったのであるが、その裏には、つぎのような事情もからんでいた。

当時は、運送事業が鹿児島系商人に握られていた。那覇・鹿児島間と那覇・阪神間の航路は、尚家資本の広運社が経営する海運業と、大阪商船と鹿児島商船の三社が競争していたが、広運社は他の二社に押されて苦闘していた。広運社は事業を拡張して、海上運送権の均衡をはかろうとしていたが、そういう状況のなかで人類館事件がおきた。鹿児島商船系の大阪の回漕問屋が、その事件にからんでいるというわけで、この人道上の社会問題には、いくらか政治的色彩もからんで、新聞記事にとりあげられた面もあったのではないかとおもえる。

尚順を社主とする『琉球新報』が、この事件をセンセーショナルに取扱った面もないとはいえない。とはいえ、当時、『大阪朝日新聞』も、「決して文明人のなすべきことではない」と論じているように、この「人類館」の興行は、心ない一商人の所行とはいえ、まことにけしからんことである。

『大阪朝日』は論説のなかで、さらにつぎのようにのべている。

我々はかくの如き不都合なる観せ物に対しては、絶対的にこれを禁止せられんことを当局者に勧告せざるを得ず。ついでながら、近時、博覧会の開設を機とし、博覧会も見せてやる、名所見物もさせてやる、サウシテ給金の多い堅気のところへ奉公させてやるなどと称し、各地方を徘徊して、妙齢の婦人を拐帯し、茶屋女、売淫婦、紡績工女などにハメ込む悪漢ありと聞く、田舎の人々は、これらの甘言に迷はされぬやう、よくよく注意すべきことである……

この新聞論説にもあるように、全国各地方で、博覧会をエサに、田舎の娘たちを誘惑して、ひともうけしようという連中がいたようで、「人類館」も、そういう「悪漢」の仕業である。それをいかにも、大阪の第五回勧業博覧会の公式の催しであったように読者にはとれる書き方をするのはどうかとおもわれる。

大田昌秀による、この事件についての資料提供のありかたには問題がある。読者の正確な判断をみちびくようにはなっていない。それをつぎつぎと他の人たちが、そのまま引用して物を書き、真相の重要部分がかくされたまま史実として定着していきつつあるような気がする。沖縄婦人を「人類館」にあっせんした那覇の吉田商店の番頭某は、人類館の計画は知らず、彼もだまされていたようだが、よっぽど困り果てたとみえて、彼は大阪に何度も電報を打って、ようやく契約を取消させた。誘拐された婦人二人の帰郷については、渡久地政瑚と、当時大阪にいた嘉数詠顕、それに沖縄出身の商人たちが尽力したらしい。吉田商店の番頭が大阪に電報を打ったとき、最初、「人類館」の経営主は、破約の意味がよくわからず、沖縄の女性をなにも虐待はしておらぬという弁解の返信があったが、さらに、虐待ではない、県民を侮辱するという記事が新聞紙上に出て困っていると打電してやっとケリがついた。吉田商店の番頭は、あっせん料をもらったという形跡もなく、契約条件がいいので好意で、辻娼妓を紹介してやったのではないかとおもわれる。他人の依頼で気安く招介したつもりのものが、まさかそんな重大な結果になるとは考えてもみなかったらしく、非常に狼狽し、娼妓二人を帰すことでは一生懸命だったという。「人類館」の興行者も、そういうことで金もうけするのはけしからんが、県民の激昂を知って、あっさり沖縄の女性を帰してやったところは、まァまァであると、『琉球新報』の記事にはある。問題がわりに簡単に片づいたので、やや溜飲を下げたという恰好である。辻の娼妓二人が大阪に行ったのは、任意契約の形をとっているが、実は詐欺にひっかかったわけである。

沖縄芸能団も会場周辺で興行

大阪の勧業博覧会の周辺では、いろんな興行が小屋掛けをして観客を集めていたようだが、沖縄芸能団みたようなのが出張して、場外で、やはり興行をやっている。

明治三十六年四月十一日の『琉球新報』につぎの記事がある。

琉球美人の手踊と題し、三月三〇日発行の「博覧会」の記する所によれば、博覧会正門前、動物園の南隣りに、目下、小屋掛け中なる琉球美人手踊りは、近日のうちに開催すべき予定なるが、一昨日（三月二八日）午後五時より当地の新聞記者を大阪ホテルに招待して、その手見世をなしたり。もとより京都の都踊り、当地の芦辺踊りには比すべきはずのものならぬど、維新後はじめてわが版図に帰せし琉球の、妙齢婦人が異様なる音曲舞踏は、また一種の興味なきにしもあらず。一口に琉球婦人と言へば、人類館における、日に焼けて賤しげなる女と同一なるものと思ふものあらんも、同地の女優および芸者中の粋をぬきて連れ来りしものとて、なかなか可憐の趣きあり。友染模様めきたる極彩色の打ち掛け、または粗き琉球紬を着て、花笠をかぶり、蛇味線、胡弓、琴、太鼓につれてゆるやかに舞ふさま、少々、間のぬけたる感あるも、その間のぬけたるところに愛嬌ありて、なかなかに面白く感ぜられ、とうてい無骨なる薩摩踊りの類にあらず。舞踏の種類は、カチヤテ風、コテイ節、仲里節、登り口説、鼓囃、花風、万才、獅子舞、貫花、河平節、コンノハレ、の十余種にして、ほかに右風の装扮したる男子にて優美なる古楽をも演ずるといへば、たしかに余興中の呼び物として

繁昌を見るなるべし、云々

琉球の古典舞踊を京都の都踊りなどとくらべ、それにはおとるが、と批評する当時の本土新聞記者の鑑賞眼のいい加減さはさておき、この芸能団の踊り子たちが、可憐で、芸が優雅であることはみとめている。

右の「博覧会」記事の引用で、『琉球新報』がとくに、「とうてい無骨なる薩摩踊りの類にあらず」という個所には、文字毎に、その横にマル印をつけてあるのは、おもしろい。中央の新聞記者の目に、琉球舞踊が薩摩踊りとは比較にならぬ優雅さを持っている、というふうに映ったということに、琉球新報が読者の注目をむけようとしているが、当時の沖縄県民の鹿児島にたいする特殊の感情がうかがえる。

その沖縄芸能団だが、明治三十六年四月二十一日の『琉球新報』は、『大阪朝日』のつぎの記事を紹介してある。

いよいよ本日（四月十日）より開催すべき、正門前南入動物園南、琉球美人手躍会は、彼地に於て妙齢の女子並びに音曲に堪能なる芸人を以て、其地の風流、言語、演舞等の模様を見せしむるはずなるが、内地人には言語の通ぜざる節まあれども、その舞振りの奇にして、国言の妙なる、ただに余興として趣味多き好観覧物たるに止らず、歴史、地理の参考となるべきこと少なからず、今聞くところによれば、渡来の俳優には、男子音曲師に、大嶺朝源（三五才）、玉寄次郎（三九）、板良敷朝郁（四九）、宮里三郎（年令不詳）、上里仁王（五七）、翁長武影（年令不詳）、阿波根遊徳（二六）、の七名あり、女優としては、（中略）十五名あり。何れも未婚者にして、容姿醜からず、言語は、思ふに奈良朝時代のものにて、薩隅の土語を加味しをるには非ざるやの感あり。その挙止、寛雅にして、進退、法にかなひたるは目出度やとや申すべきか。言語は通ぜざるふしすくなからず、すなはち一円のことも五十貫などと呼び、感歎詞に何事にも、ンドガフーと云ふが如し。（中略）比嘉マカ以下は、すべて娼妓なり、然るに出発に、その鑑札を返納し、俳優の鑑札を受けたるものなり。故に未婚者なるは珍らしからず…。

この芸能興行団が沖縄を出発したときの模様を明治三十六年三月十九日の『琉球新報』はつぎのように報じている。

芸妓一三名は目下、大阪に於て開会中の勧業博覧会を目当てに、本県の手踊りを同地に於て興行し、開会中にて一儲けせんとの心算にて、昨日出港の球陽丸便より大阪へ向け出発せしが、それら一三名の番地、屋号、姓名、年令等を記すれば下の如し。那覇区字西辻遊廓三二八番地後道、屋号新屋楼の宮里カメ抱へ、知念カマド（二二年）、同知念カナ（一六年）、同大嶺カメ（一六年）、同金城オト（二二年）、同遊廓三七七番地後道、屋号玉井の仲村渠カメ抱へ、上江田カメ（一七年）、同遊廓二五三番地染屋小路の屋号新屋の楼の島袋ウタ抱へ、島袋オト（一五年）、同遊廓三四四番地仲道、屋号渡口楼の金城ツル抱へ、宮平カメ（一七年）、同新垣カマト（二一年）、同遊廓三四四番地仲道、屋号佐嘉間小の城間マウシ抱へ、上原コシ（二二年）、同遊廓二四七番地畳屋小路の屋号渡名喜の呉屋ウト抱へ、玉城カメ（二二年）、同遊廓二六四番地登門小路の屋号荒神の前の貸座敷又吉マウシ（三一年）、同遊廓二七五番地畳屋小路の屋号荒神の前の貸座敷、新垣カメ（二八年）、同遊廓二四一番地前道、屋号西ッ竹小の宮城ウシ抱へ、上里カマト（一六年）、等にして、その外、三味線弾き板良敷、胡弓弾き大嶺樽、音楽吹き阿波根、上里等にて、それ等も右の十三名と共に、昨日の球陽丸より出発せり。

ひとつの妓楼から何名も出ているところをみると、とくに辻遊廓で選りすぐった顔ぶれということでもなかったにちがいない。

「人類館事件」は博覧会と関係なし

明治三十六年の大阪勧業博覧会では、場外での興行物がいろいろあったようで、「琉球手踊り」の見世物も、「学術人類館」の催しも、ボロ儲けを当てこんだ点では、ネライはおなじだったとしか言えないが、「人類館」の場合は興行内容に悪どい点があり、また、国際感情や地域感情を刺激する面があったということであろう。同じ辻娼妓による明暗二様の催し物が同じ時期に、同じ会場の附近であったわけである。

「人類館」の興行主は、差別感情をもっていたから、あんなことができたといえそうだが、それについての『大阪朝日』などの論説は、「人類館」のやり方を非難している。その点には、いちおう注意をむけてよい。事実はかならずしも真実をつたえない。たとえば、本土のカメラマンが沖縄にきて、琉装の老女が頭に物をのせて歩く写真をとる、そういった特殊な写真ばかりを集めた写真集を発行したとする。その写真は、いずれもカメラがとらえたのだから事実である。しかし、写真集をみた人は、沖縄はすべてそんなものだと思いこんでしまう。ところが、その写真集で、とらえられている光景は、現実の沖縄では、さがすのに苦労するといったものばかりだとする。そういうばあい、カメラがとらえた映像は事実だが、沖縄の社会生活の全般的実態からははるかに遠いということになる。

カメラはウソをつかないと信じこんでいるわれわれが、「カメラマンの編集の詭弁」にごまかされるのである。それが適切なたとえになるかどうかは別として、とにかく物を書く人たちにもそれとにたようなものがあることはたしかである。

「人類館事件」は、事実あった出来事である。しかし、それは、国家行事である「第五回大阪内国勧業博覧会」とは、なんの関係もなかったのである。

興行の時期と場所を、博覧会のそれと合せた、金もうけのための個人の催しものでしかなかった。「人類館事件」をあたかも、大阪博覧会の催しものと関係があったとおもわせるような形で資料を出すのは、一種の「詭弁」である。

「アナタハンの事件」の場合

冒頭に出した『醜い日本人』のなかにつぎの言葉がある。

この事件はきわめて象徴的なものだが、こうした論評が現在も通用するところに、日本人の陰湿な差別と偏見の問題の根深さがある。すなわち、人間を見せ物にして恥じない事態は、封建的残滓が濃厚だった明治時代だけのことではなく、民主憲法下の戦後においても堂々と再現されたからである。

沖縄の一婦人が「アナタハンの女王」などと猟奇的な名をつけられ、本土各地で衆目に曝された事実を読者も想起できよう。鶴見俊輔らも『日本の百年』で述べているように、戦争という極限状況下の小さな島で、男三〇人と女一人が異常な生活を強いられた実情を、金もうけの手段に供し、最大の被害者である沖縄女性をとことんまで食いものにしたのである。それを許した本土の精神風土は現在も変わっているとは思えない。

この文章にも真相をゆがめた点がある。「人類館」は、特定の、個人、神戸の米穀商西田某が計画したもので、その興行にたいして、周囲は顔をそむけ、あるいは非難している。警察、新聞記者、一般の反応は、だいたいそういったものである。その興行が大盛況を呈したというより、あてはずれだったとみるのがあたっているような気がする。この特殊な事件を、大田昌秀は、ただちに日本人一般の問題にすりかえて論じている。

ところで戦後の「アナタハン事件」だが、ある意味では、「人類館事件」よりもっとひどい。「人類館」の興行では出演したのは、沖縄の女性たちだけでないが、「アナタハンの事件」の場合は戦争の犠牲者である沖縄の女性一人だけを見世物にし、しかも踊らしたり、いろいろ演技をさせたときいている。比嘉和子を本土につれて行ったのは二人の男である。一人は、名前は知らないが、当時、四十代とみられる、本土からきた男である。この男と比嘉和子は、結婚していたか、結婚の約束をしていたか、そのどちらかの関係にあったようだった。もう一人は、沖縄出身の某氏である。当時、私は琉球放送局（ＡＫＡＲ）にいたが、出発前に、この三人が放送局に挨拶にきたとき、本人たちと会ってその事実を知ったのである。

比嘉和子が本土のどこで興行したかはわからない。東京の浅草か、大阪あたりでやったと聞いている。かれらの興行は、たちまち、観客の拒否反応にあって、興行は失敗におわったようだ。比嘉和子と結婚話のあった他県出身の男も、興行が失敗すると、その責任はとらず、比嘉和子は見知らぬ土地でひとりおっぽり出されたようである。比嘉和子は気の毒な女性である。彼女を見世物にして金もうけを考えるのは、悪どいことはいうまでもない。

しかし、本土の観客は、見たくもないものを見せられたわけで、むしろ「押し売り興行」の感じのするものである。迷惑したのは、かえって、そういう観客たちであろう。「戦争の気の毒な被害者である沖縄女性をとことんまで食いものにした」のは、誰かといえば、それは特定の個人であり、しかも、それには沖縄出身者もからんでいた。だから、〈それを許した本土の精神風土は現在も変わっているとは思えない〉といった大田昌秀の断定は、かならずしも当を得たものとはいえないのではないか。

「人類館」と「アナタハン」の二つの事件が、「差別と偏見」の問題と、まったく無縁であるとはいわない。それにしても、資料の出し方や、その解釈には、それはそれとして、やはり問題がのこるといわざるをえない。

誇り高き時代錯誤

「欲のない沖縄人」論

山里永吉の書いたものを読んでいると、どうして、あんなに文章がスラスラと書けるのだろうかという感じをうける。

その著『沖縄人の沖縄』の中の、「外交権なき外交」に、バジル・ホールの話がでている。「彼ら（琉球人）が銭というものを持たず、私たちの貨幣に対しても、何の価値もみとめなかった」と、セント・ヘレナ島に立ち寄ったとき、バジル・ホールがその島に幽閉されていたナポレオンに、話したというのである。琉球に通貨がなかったとバジル・ホールが考えたなら、それは彼のあやまりだが、バジル・ホールの話というのは、琉球の人は、親切で、物欲がない、ということにつきる。

「外交権なき外交」の中には、琉球を訪れたバジル・ホール一行に、琉球の人たちはいろいろ親切をつくし、品物をあたえながら、その代償を求めなかった。というバジル・ホールの航海記からの引用文らしいのがあり、山里は、その引用文のあとに、こういう説明をしている。

「琉球人が金銭を知らないとか、貨幣に無関心であるという態度をみせたのは、徹頭徹尾、琉球人が外国人に対する偽装である。」

山里は、当時の琉球に通貨があることを、もちろん知っているはずだから、右のように推論したわけである。

山里の説明は、うかつに読みすごすと、そのまま頭にスーッとはいってしまう。文章の調子に容易につられてしまう。だが、おかしい。「琉球人が金銭を知らない」と判断したのは、バジル・ホールである。行きずりの旅行者の皮相の観察である。いずれにしても、それはバジル・ホールの観察である。

しかし、「琉球人が金銭を知らないとか、貨幣に無関心であるという態度を見せた」というのは、山里の解釈である。

この場合、琉球人が外国の通貨が欲しくなかったか、欲しくても受け取ることを禁止されていたか、ほんとに無関心をよそおったのか、わからない。

まず、「琉球人は親切であった」「彼らは何も受け取ろうとしなかった」という事実がある。この事実を、バジル・ホールが、そのまま記述すれば問題はなかった。

だが、バジル・ホールはその事実について勝手な解釈を加えた。（ただし、バジル・ホールの記録に、そういう記述があるかどうかは知らない。ここでは、山里の引用に従う）「琉球人は金銭を知らない」と、バジル・ホールが言ったとすれば、その解釈が間違っていることは、山里も暗に指摘している通りである。

「琉球人が外国の貨幣に無関心であった」というのは、バジル・ホールの観察した事実についての記述であって彼の解釈である。バジル・ホールの記述の「事実部分」と「解釈部分」を区別して考えてみる。すなわち、「琉球人は親切であった」「与えた品物の代償として何も受け取ろうとしなかった」「外国の貨幣に無関心であった」（事実部分）を基礎にして、当時の琉球人について類推するか、「琉球人は金銭を知らない」（解釈部分）を基礎にして解釈するかだが、解釈部分を基礎にするなら、バジル・ホールのその解釈の当否が、まず考えられなければならない。

ところが山里の文章は、「琉球人が金銭を知らない（解釈部分）とか、貨幣に無関心である（事実部分）という態度をみせたのは」と、その基礎が両方にまたがって、それからの推論をすすめている。（貨幣に無関心であったというのは、外国の貨幣をあたえても関心を示さなかったという観察上の事実を言っている）

バジル・ホールによる観察上の事実、外国貨幣に無関心であったことと、その個人的解釈（金銭を知らなかった）が吟味されないまま資料として、そのまま肯定された形で用いられている。

バジル・ホールが言ったことについての第三者の推論は、その観察された事実についての記述部分と第三者の吟味を通したバジル・ホールの解釈部分とを基礎としなければならない。バジル・ホールの解釈が間違っているなら、その事実部分だけを基礎とすべきである。

「という態度を見せたのは……」という山里の解釈は、論理の飛躍である。貨幣に無関心な態度をみせたのは、バジル・ホールの観察である。琉球人の態度が、バジル・ホールには、そのように見えたということである。にもかかわらず、「(琉球人が)という態度に見せたのは……」と前置きする山里は、バジル・ホールには琉球人の態度からそう見えたという「観察上の事実」からことさらに、当時の「琉球人がそういう態度を見せた」という推論に飛躍している。その推論から、さらにそういう態度を見せたのは、「徹頭徹尾、琉球人が外国人に対する偽装である」との結論がでてくる。

これは明らかに独断である。その独断は「徹頭徹尾」というぬきさしならない副詞表現で断定されている。「外国人に対する琉球人の偽装であった」という断定を証明する材料は山里の文章では、何も提出されていない。ここでいう「偽装」は、内面的、心理的な状況を示す言葉だから、当時の琉球人の心理に立ち入ることになる。「心にもないことを態度に示す」ことが、この場合の偽装だから、では当時の琉球人の「心にあったこと」は何か、という説明がなされなければならなくなる。

「琉球人の偽装」

もし、バジル・ホールと接した琉球人の心を示す材料、彼らがひそかに語った言葉、あるいは、彼らに、そういう態度を外国人には示せ、との誰か命令者の言葉などが、記録として残っているならそれは、バジル・ホールに接した琉球人の態度が偽装であったことを示す一つの材料となるかも知れないが、そんなものは、提示されていない。

バジル・ホールが来訪したころの琉球は、通貨経済と物々交換経済が共存していた時代といえるが、通貨による外国との取引きは存在しないから、当時の琉球人が外国貨幣の価値をみとめなかったことはありうる。

だからと言って、「琉球人が外国の貨幣に無関心であるという態度を見せたのは、徹頭徹尾、外国人に対する偽装であった」と断定をするのには「外国人に対する偽装であった」という事実が証明されなければならない。

かえって、琉球人の態度が「偽装」であったなら、当時の琉球人は、内心では外国貨幣に関心があったということになる。それに「偽装であったかも知れない」「偽装であっただろう」「偽装であったにちがいない」といった想像にもとづく推論を「徹頭徹尾、偽装であった」という断定にもって行っているようにおもわれる。

山里は、以上のように、短かい文章の中でも「論理の飛躍」と「独断」の過ちをおかしている。

だから、文章の論理に矛盾が生ずる。「琉球人の親切」と「琉球人の偽装」がここでは矛盾として働くのである。

バジル・ホールと接触した琉球人が、外国人に対して非常に親切であったが、その代償として、何か受け取ったのなら、その親切は、物品の形で償われたわけだから、別に取り立てて言うほどのことはない。「無償の行為としての親切」が、ここでは問題となっているわけである。親切が無償行為であったから、それはとやかく論議される価値をもつと言える。ところが、その無償行為が、一種の「偽装」であったということになると話はちがってくるのである。

山里の文章では、「琉球人の感動的な親切心」と「偽装であった無償行為」とが無神経に並存している。

物々交換なら、言葉が通じない西洋人との取引きも成立するはずだが、琉球人が何も欲しがらなかったとすれば、バジル・ホール一行に「飲料水や食料をあたえた行為」は、ほんとの親切心から出たものかも知れない。そうだとすれば、「偽装であった」と断定するわけにはいかない。

山里は、また「外交権なき外交」に次のようなことを書いている。

外国人に対して誠実であることは、古来からの琉球のひとつの伝統であって、もって生まれた天性のようなものである。したがって漂流民に対する救援は、彼らにとっては当然なさなければならない義務のようなもので、それも心からの暖かい人間的な思いやりであった。

右の文章でも、琉球人の親切は「義務」として行なわれたのか、暖かい人間の自発的行為であったのか、よくわからないが、ここでは「親切の偽装」について考える。

事実をかくして、そうでないように見せかけるのが偽装である。

山里の文章では、「外国人に対する誠実」が事実であったのか、「外国人に対する誠実は見せかけで、事実はそうでなかった」のか、はっきりしない。

その文章は、「外国人に対する誠実は事実であった。」としながら、「外国人に対する無償行為としての親切は見せかけであった」という論理の矛盾をおかしている。

もし、当時の琉球人が、外国人の来訪は、琉球の社会に不安をもたらすから、必要な食料や薪炭の補給をあたえたら、直ちに立ち去ってほしいとの願いを外国人に対して抱いていたのなら、その願望から親切な態度が生まれたなら、そこに「偽装だった」という解釈がはいる余地がある。

山里は「琉球人の親切」と「琉球人の高度な政治技術」を強調するために、そのつぎに、「偽装」という言葉をはさんだのである。

琉球人が外国人に対しては、伝統的に親切であったという推論から、政治的にも高度な技術を持っていたんだという結論を直線的に引き出そうとしているのである。「外交権なき外交」から、さらに引用する。

「役人だけならともかく、人民の一人一人に、徹底して、そういう偽装をさせ、金銭に無関心であるような態度をとらせたことは、これはまた、実にたいした政治力であったといわなければならない。」

右の文章の中の「偽装」なる言葉は、「実にたいした政治力」を説明するための一つの例証とされている。

ここで「偽装」という言葉に、もういちどひっかかりを感ずる。

「たいした政治力」と「沖縄人の従順さ」

二種類の琉球人について考えてみよう。クリ舟で、最初にバジル・ホールの軍艦と接触した漁夫（政治と関係のない庶民）と、那覇でバジル・ホール一行を接待した琉球の役人である。山里の文章ではこの二種類の琉球人が「偽装していた」ことになっている。（役人だけでなく、大衆にも「偽装」は徹底していたから）「琉球人の無償行為」が、ほんものであったか、にせものであったかは、個人的な心理上の問題である。しかも、過去の歴史上の事柄について、真偽を推測することは不可能に近い。その不可能に近いことについて、山里は断定を下しているが、それはそれとして、ここで問題にしたいのは、「無償行為という個人的な態度」が、いつの間にか「徹底して、そういう偽装をさせた」という政策に変り、その政策について、「これはまた、実にたいした政治力であったといわなければならない」と手放しでほめていることである。

この場合、「偽装」という言葉は、前述の二種類の琉球人のうちのどちらに該当するのか、ということから考えてゆく。

海上でバジル・ホールの軍艦に近づいた琉球の漁夫について、山里は、バジル・ホールの記述というのを引用して言う。

その人たちはライラ号に近づいてきたが、今までにこんな親しげな人たちに会ったことがなかった。というのは、彼らはカヌーをライラ号に近づけると、一人はすぐ水の入った壺を手渡しするし、もう一人は煮た芋を入れた籠を差し出し、それらに対する代償を求めず、またそうした気ぶりさえも示さなかったのである。彼らの態度はおだやかで、礼儀も正しかった。われわれの面前ではかぶり物をとり、話すたびにいちいちお辞儀をした。ラム酒をすすめると、まわりの人々にあいさつしてから飲んだ。――というのだが、白人を初めて見る琉球の漁民の態度が、バジル・ホールの記録では、心あたたまる思いを、読む人にあたえることは否めない。バジル・ホールはさらにつづけて――もう一隻のカヌーは、アルセスト号に近づいていったが、一本のロープが投げられると、それに一尾の魚をゆわえつけて漕ぎ去った――いかにも、おたがい海に住む人間同志の、単純卒直な心とこころの触れ合いが、文句なしにわれわれの胸にせまってくるような気がするではないか

と山里は言う。

山里の右の文章では、バジル・ホール一行と、海上で彼らと出合った琉球漁夫の関係が「おたがい海に住む（生きる?）人間同志の、単純卒直な心とこころの触れ合い」となっている。だから一見、彼ら漁夫たちには「偽装」という言葉はあてはまらないようにおもわれる。それが、いつの間にか「琉球人の偽装としての無償行為」にかわるのだが、山里の文章では、そこのところがはっきりしない。はっきりしないのは、論理の飛躍があるからである。

バジル・ホールの記述にある、琉球人のひとなつこさ、親切さ、礼儀正しさは、山里もいうように、当時の琉球人の素朴さであり、また、彼らが住んでいた社会の素朴性を反映していたのかも知れないが、それがどうして、一種の外交的偽装であり、また、その偽装が高度の外交技術の証明になるのか、という点が理解できない。

その高度の外交技術としての偽装は、山里によると「役人だけでなく、人民の一人一人が身につけていたもの」となっている。そこで「漁夫の素朴性」がくずれる。バジル・ホール一行と最初に海上で接触した漁夫も、その後「四〇日間にわたる隔意のない外交的交際」をした琉球の役人もともに、この外交技術を身につけていたのであり、その背景に「実にたいした政治力」が働いていたということになっている。

「外国人との個人的な接触態度」と「政治的次元での外交技術」が何のためらいもなく、結合されている。前にも述べたように「琉球人が金銭に無関心を装ったのは、外国人に対する偽装であった」とするのは説明のない独断であるが、その独断から、「その偽装は、一種の政策であった」という論理に飛躍する。「偽装であった」ことも、「偽装は政策であった」ことについても、何の説明もない。

どうして琉球人の親切と、その親切の代償として金銭をうけとらなかったという無償行為が、偽装であったのか。その偽装が、また、どうして政策であったのか、という説明がない。

山里の文章をさらに引用すると

琉球の人民がバジル・ホールの一行に対する好意だけは、心からのものであったにちがいない。だから琉球滞在中の四〇日間、彼らの心からの友人であった真栄平房昭や、奥間や、次良や、その他多くの友人たちの友情を、英国人はこころから享受することができたのである。いよいよ艦隊が帰国するために錨をあげたとき、別れの挨拶のため軍艦にきていた真栄平房昭は、

ライラ号から去るにのぞみ、クリフォド氏に煙管と煙草入れと、水晶の飾り玉とを贈った。彼は最後のものを手渡しながら、『英国に帰ったら、これを子供さんにあげて下さい』といった。クリフォド氏もお返しとして若干の贈物をし、『どうか形見と思ってくれ』というと、はらはらと両頬を涙に濡らした真栄平は、胸に手をおいて数回叫んだ。『イードゥシ、イードゥシ』（親友だ、親友だ）

こういうことはとうてい、演技や偽装でできるものではない。

ここでまた「琉球人の誠実と偽装」がこんがらがってくる。

琉球人が食料や水をあたえて、その代償として英国軍艦の乗務員たちから金を受け取らなかった行為は、一種の外交的偽装であったと山里は言った。なかでも外交的偽装をもっ

とも身につけているはずの琉球の役人が、ここでは物品を交換し合っている。真栄平房昭がクリフォド氏に、煙管、煙草入れ、水晶の飾り玉を贈り、クリフォド氏もお返しとして若干の贈物をしている。琉球の役人である真栄平は涙をうかべて、その贈り物を受け取り（親友だ。親友だ）と叫んだ。「こういうことはとうてい、演技や偽装でできるものではない」と山里はいう。

金を受け取らなかったのは外交的偽装で、琉球の政治家は、役人だけでなく、住民一人一人に至るまで徹底して、そういう教育をしていたはずである。しかし、親切や友情の代償として物品は受け取ってよかったわけで、そのことは偽装とは、関係がなかったということになる。物々交換は「無償行為」ではない。物々交換し合ってよいのに、なぜ金を受け取らないような偽装が必要だったのか、またそうすることがどうして、「たいした政治力」であったのか、理解できない。

「証明ぬきの説明」（論理の飛躍）からは、次のような「論理の矛盾」がとび出してくる。「偽装の無償行為」を人民の一人一人にまで徹底させた琉球の役人（政治家）は、自らは「有償行為」をやり、しかも、その「有償行為」は「偽装ではなかった」「演技でもなかった」「心からのものであった」ということになっているのである。「外国人に対しては親切にし、その親切に対する代償は受け取ってはならない」という政策が、住民一人一人にまで浸透していた。という推論について、山里は、また次のような説明をつけ加える。「それは、当時の琉球人が権力に対して従順であったからでもあるが、それよりも、そういう政治教育を素直に受け入れる民族性というか。とにかく持って生れた天性によるものであろう」

右の文章は、途中に「それよりも」という言葉をはさんでいるが、その前の「権力に対する従順」と、そのあとの「政治教育を素直に受け入れる民族性」とは、異質のものとはおもわれないので、「それよりも」という言葉をはさむ真意がわかりにくいが、とにかく「為政者のいうことは何でもよく聞く」という意味であろう。

ということになると、またひっかかりが生じてくる。前に「琉球人に徹底した外交的偽装をさせたのは、たいした政治力であった」という言葉があった。

ところが、今度は「琉球人の権力に対する従順」「政治教育を素直に受け入れる民族性」が強調される。為政者は「たいした政治力」をもち、他方民衆は、「政治に対する従順さ」をそなえていることになる。

外国人に対して、外交的偽装をおこなわせたのは「為政者の政治力」だったのか「琉球人の従順な性格」だったのか。ということになる。「民衆の従順」は「為政者の政治力」の証明にならないからである。

従順な性格とは何か。なんでも権力者のいうことをハイハイと聞くのが従順である。

こうした性格の民衆に対しては、「たいした政治力」はいらない。むしろ反抗的な民衆をさえ従わせるのが「たいした政治力」といえるのである。だが、山里の「外交権なき外交」では「たいした政治力」は次のような形であらわれている。「そして、その天性（従順な民族性）をたくみに利用したのが、羽地朝秀や蔡温の人民教育であり、薩摩をして三〇〇年間、素手による琉球統治とあくことのない貪欲《どんよく》な搾取を続けさせる結果になったのである」

ここで、「たいした政治力」と「琉球人の従順」との関係が説明されている。

すなわち、「たいした政治力」は「琉球人の従順」をたくみに利用したのである。なんでも為政者のいうことをハイハイと聞く、言葉をかえれば「手間がかからない民衆を相手では政治力の証明にはならないし、たくみに利用する必要」もない。たくみに利用しなくても、従順な民衆ならついてくるはずであるが、その従順な民を琉球のすぐれた政治家といわれた羽地朝秀や蔡温がどういうふうにたくみに利用したかということ。

山里によると、羽地や蔡温の政治教育は「薩摩をして三〇〇年間、素手による琉球統治と、あくことのない貪欲な搾取をつづけさせる結果になった」というのである。つまり、羽地や蔡温は、琉球の人民を結果的には「薩摩の餌食になるように飼育した」ということになる。それがいわゆる「たいした政治力」の実体ということになる。

ここで山里が言わんとすることは、「琉球の政治家のたいした政治力」と「薩摩の貪欲な搾取」についてである。その二つがここでは「琉球人民にとっての不利な結果」として、連結されている。そして、その不利な結果は「琉球人の従順」から導きだされている。

従順な性格は琉球人の美徳であり、それをたくみに利用した琉球の政治家はたいした政治力をもち、その結果は貪欲な薩摩の搾取の餌食になったというのである。たいした政治力を持った琉球の政治家は、なぜなんでも言うことをよく聞く従順な琉球の人民を貪欲な薩摩にとって、搾取をやりやすいように教育したのだろうか。——

「たいした政治力を持っていた琉球の役人」は、ベッテルハイムがきたときは、直ちに陰険でいやらしい役人にかわっているが、それも貪欲な薩摩の支配力の影響になってくる。

バジル・ホールの来航から三十年おくれて琉球にきて八年間滞在したベッテルハイムに対する琉球人の態度は、まったく逆だったと山里は言う。

バジル・ホールの渡航記を読み、香港の英海軍琉球伝道会から派遣されて、胸をふくらませて、この太平洋上の楽園に家族づれで上陸した英人宣教師ベッテルハイムが、いきなり面前につきつけられたのは、この不快きわまる、陰険な住民との離反政策であった。

もっともその政策は、どこまでも琉球政庁の名において行なわれたもので、かんじんな薩摩は、かげに隠れて琉球をあやつるだけである。それは全く陰険で、たちが悪く、執拗でそして理不尽なものであった。ベッテルハイムの行動にはすべてスパイがつけられた。彼に近づく住民は追い払われた。そうなると、もう布教や伝道どころではないのである。それは仏人宣教師フォルカードの場合も同様であった。

つまりそれは、禁制キリシタンに対する薩摩の当然の措置にすぎなかったが、住民から全く隔離され、尾行がつけられ、琉球人との接触ができないとなると、かつて読んで胸をおどらしたバジル・ホールの『大琉球島航海記』は、すべて嘘であり、まるで夢物語に、すぎないということになるのである。

そして、ベッテルハイムは一八五四年琉球を訪れたロシアの作家、ゴンチャロフに、「バジル・ホールを信じてはいけません。この本には本当のことは一言もなく、何もかも事実と正反対です。」と言ったということである。

バジル・ホールには親切に、ベッテルハイムには陰険な接し方をした琉球人の態度の変化を、山里は次のように説明する。

英艦アルセスト号、ライラ号の来航は一八一六年だから、英人宣教師ベッテルハイムの来島に先だつ三〇年前であり、ペルリ提督のひきいる米艦隊来航の三八年前になる。薩摩がまだ、それらヨーロッパ人や米国人に対して、琉球の外交、あるいは彼らとの折衝をどの程度ゆるすかという方策も、準備もなかった時代だからバジル・ホールの一行は、別に薩摩から何の邪魔をされることもなく、琉球人の心からの好意を充分満喫することができたのである。

徳川幕府の鎖国政策から、なんら拘束を受けることなく、琉球の名によって中国に対する進貢と称する密貿易を営んでいた薩摩は、そんな関係から、琉球人と外国人の交渉については、最初のうち全く放任のかたちであった。つまり薩摩としては、琉球に対して中国以外の国々とは、やはり鎖国政策を適用したものかどうか、はっきりした方策をもっていなかったのである。だから英艦の来航があまりに唐突であったし、それだけに四〇日間も那覇港に滞在したバジル・ホールの一行に対して、薩摩はただ手を拱いて琉球と英国人との接触を傍観するほかはなかったのである。

ところが琉球では、古くから伝統的に外国人に対して好意的であったばかりか、漂流船や難破船に対しては、できるかぎりの救援と心からの世話をおしまなかったものである。

それは古代から四面環海の孤島に住み、また海外諸国と船舶による貿易を営んでいた琉球人が、航海の危険を熟知しているための、漂流民に対する人類愛からきたものので、たとい言葉はわからなくても、犠牲をおしまず救助に奔走し、漂流民をその母国に送りとどけた記録は『球陽』その他に多く散見するところである。

バジル・ホールの一行が、琉球で愛情ある歓待を受けてから、ベッテルハイムの来島までわずかに三〇年である。この三〇年の年月のあいだに、琉球の外交権なき外交は一八〇度の大転換を余儀なくさせられていたのである。それはむろん琉球人民の意思ではなかった。琉球政庁にしても、もともと外国人に対してそれほどの警戒心は持っていなかったのである。それは、古い時代から海外貿易を国是としていた関係から、外国人に対しては常に誠実であり、親愛の態度を忘れるなという伝統があったからである。

その伝統をふりかえってみると、尚泰久王の時代から那覇はまるで国際都市で、外国人の出入がはげしく、その接触にも慣れていたから、別に外国人に対する隔意もなく、彼らに対して柵をもうける気持もなかったのである。ところが、薩摩によって征服されてからは事情がまったく一変した。バジル・ホール来航のころまでは、まだ伝統的に外国人に近づいて行ったものが、薩摩の鎖国政策とキリシタン布教に対する禁制がきびしくなると、当然琉球政庁は薩摩の指図による陰険な外交政策を、その指令どおり実行するほかはなかったのである。

山里の説明によると、バジル・ホール一行が来航したときは、薩摩は琉球の外交政策に干渉しなかったから、琉球本来の外国人との友好的な交際がもてたが、ベッテルハイムが来島するころは、薩摩の鎖国政策とキリシタン禁制が厳しくなって、薩摩の指図によって陰険な外交政策がおしつけられた。というのである。

彼の持論である「琉球人の従順で友交的な性格」「琉球の政治家のすぐれた政治力」と「薩摩の陰険な外交政策」がむすび合わされて解釈されている。

しかし、この解釈は「バジル・ホール来航の時までは、薩摩は鎖国政策を琉球におしつけなかった。」という前提の上にたっている。

その前提は、ここでは証明されていない。

自説を主張する上で、「証明のない前提」をはさむやり方を、山里はよく用いる。

鎖国令に忠実な琉球

ここで、歴史上の事実にふれておく。

ヨーロッパ諸国に対する対外政策については、バジル・ホールが琉球に来航する以前から、琉球は薩摩の指図を受けていたし、薩摩は琉球に対して、鎖国とキリシタン禁制の政策をおしつけていたのである。

バジル・ホールが琉球に来航したのは、一八一六年、キリスト教が日本に伝来したのは、その二百六十七年前（一五四九年）に、ポルトガルの宣教師フランシスコ・ザヴィエルが鹿児島にきて伝道したのが始めである。

琉球は日本にキリスト教がはいってから六十年後（一六〇九年）、バジル・ホール来航の二百七年前から薩摩の支配下にあった。

徳川幕府がキリスト教の禁令を出したのは一六一二年。キリスト教徒による島原の乱（一六三七年）の二年前、一六三五年にはすでに日本船の外航が禁じられ、さらに一六三九年、オランダを除く海外との交通が禁じられた。

琉球にキリスト教が伝来したのは、一六二四年、八重山に漂着したヨーロッパ人が布教したのが始めとされている。

八重山のキリスト教徒、本宮良が火刑に処されたのが一六三五年、島原の乱の二年前である。島原の乱の前年、一六三六年には、薩摩は琉球に対してキリスト教禁止令を下し、戸籍を調査し、宗門改め（キリスト教信仰有無の調査）を行い、一六四一年から八重山に「大和在番」が薩摩から駐在し、約九年間、この制度が続いた。その後も琉球に対するキリスト教の取締りは厳重で、毎年十一月には各村で「キリシタン宗門改帳」を作って十二月までに首里の大与座《おおくみざ》に提出することになっていた。

この制度は徹底したため、キリスト信仰は琉球ではあとを絶ち、またヨーロッパ船が立ち寄ることもなかったから、宗門改めは、次第に形式的になった。

丁度そういう時に、バジル・ホールは琉球にやってきたが、宗門改めの制度が廃止されていたわけではなかった。バジル・ホール来航の二十八年後に、フランス人が、さらにその二年後にフランスから派遣されたローマ・カトリックの伝道者ホールカールとイギリス海軍伝道局から派遣されたベッテルハイムが相ついでやってきて那覇に定住するようになってから、また宗門改めの制度が厳重になった。（バジル・ホールは単なる航海者としておわったから、別に問題とならなかったが、その上陸は厳に禁止された。）

キリスト教禁止令と鎖国令は、表裏一体をなすもので、島原の乱平定の翌年（一六三九年）に出された鎖国令は徳川幕府から薩摩を通じて琉球にも命令されてきたのである。すなわち、琉球にはバジル・ホール来航の一八〇年前からキリスト教が禁止され、またその一七七年前から鎖国令をしかれていたのである。では、この鎖国令に対する琉球住民の反応はどうだったか。

島原の乱がおきた一六三七年、ヨーロッパ船が読谷山の沿岸にきて、乗員一人を残して去ったが、その外国人を上江洲親方が渡慶次掟《ウッチ》に命じて捕えさせた。捕われた外国人は薩摩を経て長崎に送られ、長崎の諸司代は、彼を斬刑に処し、沖縄からの使者は、功を賞された。また、鎖国令の出た一六三九年にヨーロッパ人が八重山島に漂着して、一人の幼女をさらって逃げ、その翌年、一六四〇年にはヨーロッパ人二人が八重山島に漂着、同じ年、西表島に八十余人が上陸したが、そのことはその都度、薩摩に報告された。薩摩は兵を派遣し、琉球側の小禄良宗、具志川盛有らと共に八重山に急行したが、外国船はすでに立ち去っていたなどの記録が『沖縄一千年史』に見えている。薩摩の命令は、徹底していたわけである。

バジル・ホールが琉球に来航した頃は、山里がいうように「薩摩は、徳川幕府の鎖国政策から、なんら拘束を受けていなかった。」「薩摩は、琉球人と外国人の交渉については全く放任していた。」

「薩摩は、琉球に対して、中国以外の国々は、やはり鎖国政策を適用したものかどうか、はっきりした方策を持ってなかった。」

「琉球政庁は外国人に対して警戒心を持ってなかった。」

などという前提は立てにくいのである。

他方、日本本土では、バジル・ホールの琉球来航の二十六年前（一七九〇年）に、アメリカの船が紀州浦に寄港し、その翌年、国籍不明の外国船が対馬海峡を通り、また、二隻のイギリス船が紀州の熊野に姿をみせ、さらにその翌年、北海道の根室にロシア船が来るなどがあって、海防思想が急に高まっていた。

林子平が『海国兵談』を出版したのが一七九一年、間宮林蔵が間宮海峡を発見したのが一八〇八年、伊能忠敬が「大日本沿海輿地図」を作るために測量を始めたのが一八〇〇年で、いずれもバジル・ホールの琉球来航以前で、日本はロシアに対する北辺の守りや、英、仏、蘭による日本列島西南の海防に心をくだいていた。

幕府はまず江戸湾の防備計画から始めようとした。一七九一年、老中松平定信は「日本（琉球を含む）に近よった外国船に対しては、おんびんな処置をとるように指令」しているが、これは、時をかせいで防備を固めるためだったといわれる。バジル・ホールが琉球に来たのは、その指令が、まだ働いていたときである。外国人に対する琉球人のおんびんな態度の背景に幕閣の指令が働いていたことは無視できない事実である。

そのとき、幕閣では、琉球の防備が非常に問題になったようである。バジル・ホールが琉球にきた頃は、欧米諸国に対する警戒心は、いよいよ高まっていたし、外国船の渡来もはげしくなっていた。（長崎のフェートン号事件などは有名）

薩摩が、バジル・ホールの来航に際して、琉球の政府にいろいろかげで命令した事は、その頃の薩摩の琉球関係資料をみれば明らかである。

薩摩の支配の「罪」のみ強調する史観

バジル・ホール一行と琉球人の接触は、すべて薩摩の役人の監視下で行なわれたはずである。仮に、琉球人が金銭を知らないとみせかけたとしても、それは通商を求められては困るからとのことで、薩摩の指図によるものであったと解釈せざるをえない。つまり、「琉球人の偽装」（それが事実だとすれば）と、「琉球の政治家のすぐれた政治力」とは、単純に結びつかないのである。（ただ、バジル・ホール航海記から「琉球の庶民の素朴性」を読みとることは否定できない。）

まず、歴史については資料の収集もさることながら、資料の扱い方、つまり「資料の吟味と解釈」が問題となってくる。

例えば、バジル・ホール個人の航海記を読むと、琉球での外国人相互の人間的なふれ合いが感動的に描かれているが、歴史の解釈となると「西洋勢力の東漸」ということまで考えなくてはならなくなる。そこで、西洋史の吟味と解釈の問題がでてくる。薩摩の支配がなかったら「従順な琉球の住民」は、ヨーロッパ諸国と友交関係を結んでいただろうという解釈は、西洋史を無視した解釈である。もし当時、薩摩（その背後に徳川幕府）の支配が琉球に及んでいなかったとしたら「外国人に、警戒心を持たない政府」と「従順な民」をもつ琉球は、西洋植民地化の方針に、何の抵抗もなしに屈服していたかも知れない、という推理もなりたつわけである。

バジル・ホールと接した琉球の庶民の素朴な行動（無償行為）から、その行動を視座として「琉球の高度な政治技術」を説明するための論理を構築しようとしているところに、山里の文章の論理の破綻があり、史料運用の誤りがあるのではないか。

「人間の素朴性」と「高度な政治技術」とは、むしろ両立しがたいものだからである。「高度な政治技術」と「素朴性」とは、相容れないものである。

ポリティクス（政治）は、かけ引きの技術であり、素朴性からの脱却によって成立するものである。人間一生の歴史におきかえると、幼児期の素朴性と成人期の非素朴性を同時に持つわけにはいかないのである。

また、歴史には外因と内因がある。ベッテルハイムに接した琉球人が、バジル・ホールに接した琉球人のような態度がとれなかったのは、あながち薩摩の政策の変化だけによるものではあるまい。

琉球社会の内部事情と、その変化についても目を向けなければ、立体的解釈はなり立たないはずである。

あるいは、薩摩やヨーロッパ人に対する方針は、バジル・ホールのときも、ベッテルハイムのときも一貫して変らなかったのかも知れない。両者に対する琉球人の態度の変化は、バジル・ホールが、たんなる航海者であったのに、ベッテルハイムは、琉球居住の意図を持っていたためかも知れないのである。

現代においても、外国人相互間、個人的には素朴に接触できるが、国際政治は複雑である。航海者であるバジル・ホールとの接触と、政治性をもつベッテルハイムやペルリあるいはその後のフランス人との接触を、同一次元で考えるのが無理である。現に、フランス人との外交交渉で、フランス人は琉球の役人を威嚇し暴力的行為に出た史実さえあるではないか——そうさせるのがポリティクス（政治）である。

また、バジル・ホールという外国人と別れる時は、涙を流すほどの友情を示した琉球の役人と、その四〇年後に、同国人である小禄、牧志、恩河の諸士に対して、ひどい拷問を加えた琉球の役人とは、果して、異質の人間であっただろうか。

山里は、ある意味で、文章家である。その文章は、読みやすく、スーッと頭の中に入ってくるような気がする。なぜか。

目に錯覚があるように「生理的頭脳」は、思考上の錯誤にみちている。その「生理的頭脳」に、スーッと入ってくる文章である。

論理はギクシャクしている。論理は「生理的頭脳」の思考の錯誤を訂正するものである。論理の上からは、山里の文章を、そのままスーッと読みすごす訳にはいかない。山里は画家であり、作家である。それだけに、その『歴史物語』は、想像力が働いて面白い。これまでの歴史書が、むつかしくて、内容的にも退屈する記述であったのに比べると、山里の解釈を通して、読者の解釈を誘う新鮮な魅力を持っているように思われる。おそらく、今日の若い層が、沖縄の歴史について多少の知識や興味を持っているとすれば、その大部分は、伊波普猷や東恩納寛惇より、山里永吉の書いたものを通してであろうと思われる。

山里の『歴史物語』は、今日の若い層に読まれやすいように「玄米化」されている。「玄米化」されたその歴史観が正しい意味で読者の栄養になるかどうかは別問題である。

山里自身の歴史観は、すこぶる保守的（王朝中心の歴史観）だが、おそらく今日の左翼青年の沖縄歴史観にも、かなりの影響を与えているのではないかと、おもわれるふしがある。

例えば「薩摩の支配」「明治以後の施政」を通して、日本を加害者、琉球を被害者とみる歴史観の視座について考えれば、そのことがうなずける。いずれも、その「功罪」の「罪」だけを強調する点で一致している。

山里の『歴史物語』がひろく読まれているだけに、その「文章の論理と史料の運用」が気にかかるのである。

山里の文章には「理詰め」なところがある。しかし、その文章の論理には、飛躍があり、矛盾がある。

　その最大の原因は、山里の歴史観にあるような気がする。その歴史観は、多分に叙情的なものでささえられている。それは、「琉球独立国時代」に対する郷愁であり、センチメンタリズムである。その郷愁センチメンタリズムは、彼独特の「琉球文化観」の上に培われたものであるとみる。

　その郷愁とセンチメンタリズムが、文章の論理に破綻を生じさせていることは、これまで述べた通りであるが、さらに、それは、史料の運用上「独断と偏見」をおかしていることについて、一、二の具体例をあげておきたい。

尚泰だけが悲劇の主人公ではない

　一つは、尚泰に関する事柄である。

明治十二年の廃藩置県で最後の琉球王尚泰が東京につれていかれてから死ぬ（明治三十四年）までに、墓参で一度だけ帰郷を許されただけで、ふたたび郷里の土を踏むことがなかったということについて、山里は痛憤慨嘆している。これは、一種のセンチメンタリズムである。そのセンチメンタリズムのうらには偏見がある。つまり、尚泰を例にとって沖縄に対する日本の差別政策の例としているからである。

廃藩置県で、各藩がつぶされたときの事情の若干を知るだけで、山里の解釈が必ずしも妥当でないことがわかる。廃藩では各藩とも、琉球の廃藩と似たような苦痛をなめている。そして、各藩の藩主は、全部「東京管属」を命ぜられて、東京市民になっている。自由に郷里に帰っていない。ことに、薩長その他の勤皇志士とは別の意味で、勤皇家であった幕末の京都守護職、松平容保や最後の将軍徳川慶喜の運命は、尚泰よりもずっと悲劇的であった。

琉球藩王だったから、尚泰を特に差別したということを証明する材料は見当らないのである。尚泰が日露戦争以後まで生きていたら、あるいは自由な帰郷ができたかも知れない。というのは、尚泰在世中は、沖縄の頑固党の動向、日清戦争後の公同会事件など、中央集権的統一国家の基礎を固める上で不利な事情が沖縄内部にあったので、そのことも、尚泰の帰郷が自由にならなかった原因の一つだったとおもわれる。

一人の人間の自由を束縛することは道義上の問題でもあるが、当時、尚泰は、単なる個人ではなかった。「琉球王であった尚泰」であり、廃王となっても、なお「政治的存在」であったことはいなめない。

尚泰は、日常生活や位階の面ではむしろ優遇されていた。彼が沖縄に自由に帰れなかったのは、ポリティクスの原理によるものであり、この原理は、他の藩主にも当てはまる原理であったはずである。もう一つは、沖縄方言に関する問題である。

山里は、明治以後の沖縄に対する教育は、植民地教育であったとし、その具体例として、学校における方言の使用禁止の問題をとり上げ、その極端な例として「方言札」の罰札のあったことをあげている。ここでは、二つの問題に答えなければならない。一つは「学校での方言使用禁止」を植民地教育の現われとみることができるかどうかであり、もう一つはそれが差別政策であったかどうかである。

これまでの植民地の歴史をみると山里の解釈とは逆のことが言えるのである。例えば、かつてオランダの植民地であったインドネシアの例だが、オランダ本国は、オランダ語によるインドネシアの一般教育には積極的でなかった。植民者は、植民地住民の労働力を調達しうる限度の最小限必要な言葉を教える必要は感ずるが、それ以上の教育を、植民地住民にあたえることには消極的であるのが普通である。

(ここで余談をはさむが、終戦直後、アメリカ軍政府が、沖縄民政府に対して、琉球語で教育をやれといった逸話があるようだが、これは当時のアメリカ軍政府が沖縄を植民地視していた証拠だと思われる。)

明治以後の沖縄の教育は、日本語による積極的な「皇民化教育」であったとみられる。

沖縄県民自体の中にも、日本語を通して、教育程度を高めようという熱意が日清戦争後、急激にもり上ってきていたとみられる。

鹿児島にもあった「方言札」

明治二十八年の沖縄中学のストライキは、時の児玉校長が、英語を随意科としたことに反発しておきた事件であるが、漢那憲和たち、当時の学生は、英語についても、他府県なみの知識を学校教育で要求したわけであり、日本語に対する知識については言うまでもないことであったはずである。

児玉校長のやり方が植民地教育の現われであったか、皇民化教育の行きすぎであったか別問題として、県民を刺激する軽卒な行動であったことはまちがいない。

私は、ここで明治以後の対沖縄政策について「植民地主義的」であったかどうかを論じているのではない。それは、また別の問題である。

ただ「学校教育での沖縄方言使用禁止」をもって、「植民地教育」のあらわれとみることができるかどうかを問題にしているのである。

「学校での方言禁止」が提起するもう一つの問題は、差別の問題である。

それを以て差別待遇の現われとする論もあるが、差別の問題は、他と比較して考えなければならない。沖縄だけに「方言禁止」の教育を行なっていたとすればこれは明らかに差別といえるが、事実は果してそうだっただろうか。中央語と地方語の問題は、近代中央集権国家成立の過程ではどこの国でも問題となった問題である。

明治以後の日本では、特にそうだった。「近代日本教育史」には、東北各県の明治以後の学校教育で、共通語普及のゆきすぎのため、過度に地方語を圧迫した事実が記録されている。そういう現象は日本の各地でみられたはずで、たまたま沖縄方言の特質から沖縄の場合は同様の現象が顕著な形で現われたとみることができる。

徳川幕府を倒した幕末の志士たちは、たいてい、遠隔の地に同志を求め、全国を遊説して歩いた。そのとき、いちばん不便を感じたのは言葉の障壁であったらしい。例えば、九州南端の薩摩藩の藩士が東北諸藩の藩士と交際するとき、言葉が通じず筆談をしたという話さえある。

この言葉の不便を、幕末の志士として活躍した明治政府の元勲たちは、身にしみて体験していたようだ。中央集権的統一国家を形成するための言語統一に、彼らが性急であったことがうなずける。

右の様な事情を考えると、学校における方言使用禁止の一事をもって、植民地化教育の現われとか、差別待遇の証拠にすることは、証拠不十分といわざるをえないのである。方言札にしても、沖縄だけでなく鹿児島でも昭和十年代まで用いられていたことが『今週の日本』沖縄支局長萩原輝次（鹿児島県出身）の話でわかった。

一つの資料をみて、直ちに歴史的判断を下すと独断となる。たとえ、多くの資料を集めても、その吟味において感情的な要素がはいりこむと偏見を生ずるのである。歴史は、感情や政治の論理から解放されて、社会科学の一つとして確立されるべきである。その科学としての歴史を、個人や政治が、どう利用するかは、別の問題である。

山里永吉は、沖縄歴史に関する本をいくつか出している。私には、そのいずれも「誇り高き時代錯誤」の所産としか思えない。

Ⅲ　人物伝

琉球の女歌人

―恩納ナビ論―

波の声ん止まり

庶民的な詩人であった恩納ナビの歌の中に、万座毛での詠歌を発見することは、一寸、気にかかることである。

波の声ん止まり、風の声ん止まり
首里天加那志御うんち拝ま

しかも、この詠歌によって、ナビは、余りにも有名であり、この詠歌の中に、ナビの真骨頂が表現されていると見られているのも意外である。万座毛には、恩納ナビを記念する歌碑があって、この歌が刻まれているのは、この歌の詠まれた場所と関係があるので、それは、それでよいとも思われる。しかしこの歌の中で恩納ナビの生命は、狭い限定をうけているような感じがするのではないか。

「首里天加那志御うんち拝ま」という歌意は、ただ推量できるだけであって、直接に、我々の感情に訴えてこないのではないか。我々は、封建王朝の時代に逆戻りして、この歌意を感情として反芻することはできない。更にこの歌からは、王朝時代の琉球という空間的な社会が強く意識される。

自然詩人、恩納ナビは、一体、首里の王様の前で、草のようにひれ伏し、彼女の内奥の友であり、血管の一部である自然、その声、波や風の音とともに鳴りをひそめて、かしこまるつもりでいたのだろうか。一刻たりとも静止することのない、自然の魂の流動を人工的な尊厳—王—の前で、その生命の躍動を、自ら制約しようとしたのであろうか。権力におののく庶民の姿を、我々は、そこから引出して来なければならないだろうか。万座毛のすべての草の如く、彼女も又、王冠「タマンチャブイ」に、なびいたのだろうか。更に、彼女は友たる自然にさえ、呼びかけている。「波の声ん止まり風の声ん止まり」——つまり騒々しい波や風に向かって、「お黙りなさい」と、王冠の前における、その無作法をたしなめているようでもある。そして、自分と一緒に行儀よく、王様を迎えようというのである。

そこにあるものは、一途な、歓迎と礼讃の気持ちである。それは、権力に対する威服ではないだろうか。王冠に、彼女は、——宇宙の中心——を、見ているのではないか。それは、天賦君権思想の素朴な形ではないか。

王冠の前では、人為社会だけでなく、自然界の現象も摂理者の意に反して、慴伏すべきであるという考え方ではないか。それが、また、単純さの中で徹底している。権力の肯定と礼讃――これは、どうしても自然詩人と結びつけて考えるには困難なものである。恩納ナビは、王の前で、むしろ、こんな風に歌うべきではなかったか。

波や風よ―

お前たちは、わたしの友である。

王よ、

わたしの友のかなでる、この、

力強い叫びに、耳傾けよ。と

ところが、ナビは、人為社会の権力の象徴の前で、自然に向いて「お黙り」と言っているのである勿論、波や風は、鳴りをひそめるどころか、欲するままに吹き、欲するままに断崖にくだけたであろう。もし、波や風に言葉があったら、さぞ、不平をブツブツ言ったことだろう。

「なんだ、友であるわれわれ自然を裏切って、王に「忠義」立てするとは」

実は、ナビのその忠義立てがどうも、そのまま見過せないような気がする。

封建社会のモラル

素朴な感情と、自然の欲望を歌いあげた恩納ナビ――彼女は、一個の人間主義者であった。人間的なものにもとり人性に反するものに、彼女は反抗した。だからこそ。

恩納松下に禁止の碑の立ちゆさ
恋忍ぶまでの禁止やねさめ

と歌って、無理解な役人が押しつける規則を嘲笑し、その規則に反抗の意志を示したのだ。「禁止の碑」（チヂのひ）というのは、一種の風紀取締り規定のようなものである。

封建社会に於ける、風紀の取締りというのが、どんなものを意味したか。これも、一応、想像してみる必要がある。平敷屋朝敏の創作「手水の縁」に描かれた義理社会の中では、恋愛は、慣習と封建的モラルの極度の圧力をうけ、人間の自然の感情が正しく伸びることを妨げられ、歪められている。

「手水の縁」の女主人公はかりそめに知り合った相手の男との、ランデヴーがばれて、知念の浜に引き出されて、斬首の仕打ちに合おうとする。「恋はお家の法度」「不義の恋はお手打」と定められた窒息するような、封建社会である。平敷屋朝敏が、反抗したのもこの社会であった。「手水の縁」の中で、女主人公の首をはねようとして、大刀振りかぶりながら、決意のにぶる役人、恋人の非運を知って、せめてひと目なりともとかけつける相手の男、死の間際にあって、なお男の幸福を祈る女主人公、殺すなら一緒に殺してくれと役人に頼む相手の男、かかる恋の至情に動かされ、自らの若い時代を回想し、身に覚えのあることだと反省して、若い恋人二人を、こっそり逃がしてやる役人——そこに朝敏は、わずかに人間主義の活路を見出し、封建の社会に反抗している。しかし反抗の仕方は、誠に微温的である。

一代の反抗児、朝敏にしては、あまりに微温的な反抗である。恋人同志の絶望的な愛情、それに心の動く役人の心理的な動機。それが、封建の宿命的な圧力の手を逃れる唯一の活路となっている。朝敏にして、この封建の習慣とモラルに正面から反抗できなかっただろうか。それにくらべると、恩納ナビの反抗の仕方は、もっと堂々として、痛快である。彼女の取った態度は、反抗的というよりは、むしろ、嘲笑的であった。役人の無理解を正面切って笑ってやったのである。

庶民のモラル

恩納松下（地名）に「禁止の碑」、つまり、恋愛をしてはいけないという風紀取締りの標札が立ったということだ。一体、恋愛というのは、人間の自然の感情であり欲望である、この自然の情を規則で禁止しようなんて、なんと馬鹿げた考え方だ。公然と、男女の恋愛が禁止されたら、男女は人目を忍び、規則の網をくぐっても会うようになるだろう。そうした場合、かくれてでも行われる恋愛行為を如何なる規則が取締ることができよう。

水が低きに流れるのは自然であり、流れる水をせき止めたら、セキをこわして、或いは、セキをのりこえて、水は流れるものである。その水の流れの如く、恋愛という人間自然の感情の流れも、セキ止められるものではない。また、如何なる監視の目も、人間深奥の機微にまでとどくはずはない。あんな「禁止の標札」ぐらいで、恋愛が根絶されるものではない。役人の形式的なやり方を、ナビは笑っている。そして、庶民の生活を強く謳歌している。――そこには、また、政治に対する諷刺が含まれているとも見られないことはない。

ナビに政治の知識があったとは考えられないが、彼女は「恩納松下に」の歌の中で、恋愛行為に目を光らす役人の姿を、たしかにカリカチュア化している。「禁止の碑」は首里の中央政府の指図によるものか、それとも、地方役人の独断によったものかは、知る所ではないが、恐らく、地方役人が、首里への「忠義立て」のつもりで立てたものではなかろうかとも、想像される。

とにかく、この「禁止の碑」は当時の恩納村の人々にとって、最もセンセーショナルな事件であったに違ない。

「恩納松の下の標札をお前はみたか」

「まだ、みていない。何でも色恋は、固く御法度だというじゃないか」

顔色を変えて青年たちが、こんな会話を取り交したであろう光景が、アリアリと目に見えるような気がする。そして、恩納松下の「禁止の碑」の前には、若い男女や、老幼が集っている。

庶民の生活の上においかぶさってくる、いかめしい規則の前で、彼等は露骨な動揺を見せたか、不安をかくして私語したか、それは、問う所ではない。いずれにしても、割に伸々とした空気の漂う平和な農村にとって、恩納松下の標札は、たしかに一つの「事件」たるの資格を充分に持っていた。投じられた、その事件――標札――を中心に、波紋が恩納村のすみずみに行き渡った。この波紋の影響を、多感な詩人が、人一倍受けなかったとは言えない。

恩納ナビは誰よりもショックを受けたにちがいない。庶民の生活がおびやかされる不安、それにもまして、無理解な役人のやり方に対する憤慨――誰にもまして、彼女は、それを感じたにちがいない。しかし、彼女は、役人の規則に正面から反抗などしていない。また、規則の圧力の前に、村人と一緒にただ不安を感じてばかりもいない。彼女が受けた強いショックは、作歌の動機とはなっているが、その歌の中で、彼女は自分の立場を保っている。彼女は役人と村人から、ある距離をもった観点に立って、この事件を眺めている。規則は規則として、村人の生活は村人の生活として、いずれも放っていてよい。すべてをなりゆきにまかしてよい。恩納ナビは、そう考えたにちがいない。彼女は役人のやり方が如何に本然の人情にもとるものであるかを知っていたし、反面、不安の色をかくし切れぬ村人たちの中に、庶民の生活が如何に根強いものであるかを見ていたのである。だから「恩納松下に」の歌で、軽い気持ちで、嘲笑的に、レジスタンスをする事ができたのである。

　この諷刺をこめた歌の中に、真に庶民を知るものの政治を見る角度がある。彼女にして、もし、平敷屋朝敏ほどの政治的教養があったとすれば、彼女は、朝敏よりももっとはっきりと抵抗すべき対象が何であるか、守らねばならぬものが何であるかを把握したにちがいない。朝敏は、士族という特殊社会の中の反抗児にすぎなかったが、恩納ナビの反抗は、人間の生活の本質とつながる普遍性をもっていた。

朝敏とナビ

　庶民の中に生れ、庶民の中に育ち、庶民に同情し、庶民と共感したナビは「恩納松下に」の歌で、明らかに庶民の生活に「自然なもの」を感じ、それに軍配を挙げている。大切な庶民生活を、否、人間性そのものを守ろうとしている。そして、たくまない歌の格調の中にはげしい情熱をみなぎらしている。封建の政治は、しばしば、人間性にもとるようなことを押しつけようとしたのだ。こうしたものに抵抗した、恩納ナビと平敷屋朝敏はしかし立場を異にしていた。

二人が置かれた位置と、そこから発する考え方の相異が問題になるのである。平敷屋朝敏は、士族階級の出身であり、彼が反抗したのは、為政者である士族社会であった。

「手水の縁」を例にとっても、それは明らかである。

「手水の縁」の恋愛事件は、士族社会の中に起った事件である。勿論「手水の縁」に描かれた社会は、朝敏以前の時代を背景にしたもののようであるが、朝敏は、この創作によって当時の社会に強く訴えているのである。この事件に対する封建的な裁きは、「禁止の碑」によるものではなく、朝敏の時代まで士族社会に根強くつたわる慣習的なモラルであった。このモラルの圧力を、朝敏自身肉体に感じているのである。

朝敏は、あの当時として、強くこのモラルに反対したつもりでいたが、彼の態度の「控え目」と、封建的モラルの圧力のみが、目につくのである。「手水の縁」の中では、役人のふりかぶる大刀だけが大写しにされ、その下を逃がれる人間性は、「辛うじて許される」という程度の受動的肯定にとどまっている。そこに、朝敏が置かれた士族としての、宿命的な立場、士族の特殊社会に限定された視野の狭さ、その生まれた階級と社会の中で教育されたインテリの弱さがあった。教養や物の考え方は、その置かれた環境から大抵引き出されてくるものである。

朝敏は、士族階級の中に於ける「人間性の否定」を、はっきり意識していたはずである。

それだけに、彼自身の周囲をとりまく息苦しい社会の制度や慣習の力、自分が対抗しようとするものの頑強さ、それに自らの弱さをも意識し、彼の反抗は煩悶的であり、ハムレット的であった。彼は、真空地帯の中で、空気穴をみつけ、そこに鼻をもっていって、わずかに人間の「いぶき」を吸収しようともがいたのである。

彼は「とらわれた自由人」であった。彼の頭悩——意識——だけでは、手カセ足カセをほぐすことはできなかった。自らのおかれた社会環境に反抗することで精一ぱいだった彼には、他の社会に観点を求める余裕がなかった。朝敏の士族としての立場は、かえって思考や行動をにぶらせ自慰的にしたり、或いは、絶望的なものにかり立てたりした。朝敏が、もし、庶民の生活に目をつけていたら、彼は、それほど絶望的にならなくてもよかったと思われる。

士族社会の外に、より広範囲な、とらわれない庶民の生活のひろがりに、彼の意識は向けられなかったのである。

庶民の生活

恩納ナビは、朝敏のように、普通に言われる教養というものを持たなかった。しかし、彼女は、その頭脳も手足も、とらわれていなかった。彼女がおかれた自然と庶民社会は、割に自由で新鮮な空気にみちていた。

まず、当時の農村の庶民生活について考えてみよう。封建時代に於ける庶民の生活と言えば、下積みの生活である。政治や経済の階級的な差別からいえば、たしかに下積みであった。しかし、物の生産者であり、直接、自然と接触し、自らの労力と自然の恵与とによって、必要な生活資糧を得ていた農村庶民の生活は、それだけ自然に近いものであり、そこには、いくらか「自然らしさ」と、「人間らしさ」が保存されており、庶民が生産したものの上に、課税その他の方法で得る収入によって士族は寄生的に生活していた。

非生産的な士族社会のように、人工的な虚飾と、不自然な制度や道徳を守る必要はなかった。それらは、庶民におしつけられたものであり、庶民はいつでもそうしたものからくる圧迫をのがれて自由な空気を吸っていたのである。士族社会の生活は、直接、生産とつながっておらず、それだけ「自然」から遠ざかっていた。封建時代における庶民の息抜き、それは、士族社会には全く禁じられた「自由恋愛」であった。恩納松下に「禁止の碑」が立ったという事実は、封建という規則社会のいかめしい姿というよりも、かえって、その裏にかくされた庶民生活の自由な空気を反証するものである。

朝敏が育った社会には、「禁止の碑」といったようなものはなかった。また、その必要もなかったのである。

士族社会に於ける慣習とモラルは、すでに確立されており封建の制度の中でしか、地位を確保することができない士族は、その制度からくる生活一切を守る自律性をもつていたということができよう。

庶民には、封建制度を守るためのモラルの必要がなかった。彼らは士族階級を守るための制度を押しつけられていたのである。おまけに士族が守らねばならぬ、慣習やモラルまでおしつけられようとしたのである。

例えば、「禁止の碑」がそれであった。朝敏が士族社会の中で発見した「人間性の否定」は、こんな所で庶民の生活の中にも、顔をのぞかせたのである。しかし、士族社会の一員である役人が、「禁止の碑」をおしつけねばならなかったほど、庶民は封建的な慣習とモラルの外で生活していたのである。そして、その生活を「禁止の碑」ではどうにもならない根強いものだとナビは信じていたのである。

こうした庶民生活を皮膚に感じていたからこそ、彼女は、役人の規則を一笑に付することができたのではないか。

ラジオを通じ、恩納村、谷茶の「ウスデーク」というのを聞いたことがある。「ウスデーク」こそは、庶民の中から生れたものではなかっただろうか。首里親国の婦女子が、あんなに踊り狂ったとは、とても考えられない。あの「ウスデーク」——老幼婦女子が歌い、踊る、あのリズム――あれをきいていると、庶民の生活情態の鼓動が、ひたひたとおしよせてくるような感じがする。

ナビも、かつて、あの中に加わったのであろう。あれこそ、庶民生活の謳歌であり、ディオニソス的な陶酔ではないだろうか。

少しも「控え目」な所がないあの調子！　そこには、生活の歓喜と肯定が波うっている。人間同志の結合、自然との和解の祝祭！　封建の亡霊は、あの「ウスデーク」の太鼓の響きと共に、たたき出され追い払われている。あのテムポの早いリズムの中に、自由な庶民生活の表現があるような気がする。人々は歌い、且つ、踊りながら、高い共同体の一員として現われる。あのリズムの中から汎神的な、超自然的な、何ものかが響いてくる。

自由庶民の陶酔と歓喜の調子。恩納ナビは、その中に生れ、その中で呼吸していたのである。そこには、何物にもとらわれない自然さがある。「モラルとは、禁じられたある物である」という意味でのモラルは、もはや、かげをひそめる。――あらゆる健康なモラルは、生のひとつの本能によって統御される。――庶民は反自然的なモラルに反抗する代りに、自らのモラルを歌いつづけたのだ。そこに、非合理や虚偽は生きない。素朴な単純な「ウスデーク」のリズム。それは、自然と、農村の生活の中から生れた、庶民の芸術ではないか。そこには、贅沢な表現は、もう見当らない。あるものは、生の端的な表現である。

そこには「控え目」な傲慢さはない。また、生の配慮や顧慮や意図はない。あるものは肯定する喜びだけである。

ナビをして、「恋忍ぶまでの禁止やねさめ」と歌わしめ、また、「ウスデーク」を生んだ当時の農村の生活が凡そ、どんなものであったか、想像がつくのである。

そして、庶民につながるものは、「人間」につながる

ナビとユシヤ

恩納ナビをもっと知るために、ナビや朝敏より前の時代の、歌人ユシヤを引合いに出して見よう。

恩納ナビとユシヤ、この二人の女歌人が、同じく恩納村から出ていることは、ちょっと不思議だが、天然の美が詩人を輩出させることは、またよくあることでもある。恩納村の優美な風光は、ミューズの祝福する所でもある。しかし、この二人の女歌人の作風、おかれた環境、内在的な生命は、まるで対照的である。ナビが万葉歌人なら、ユシヤは古今歌人であった。万葉の無技巧と古今の技巧がはっきり識別される。

時代的には、万葉は古今に先行する。清く、明るく、正しく、強く、たくまない万葉人の歌心は、時代の推移とともにおとろえ、古今和歌集の時代には、すでに技巧が尊ばれ、

大胆率直な表現が跡を絶ったとされている。

しかし、ナビとユシヤの場合、古今詩人のユシヤが時代的には、ナビに先行しているのは面白い。思うに、二人の相異は、その資質と、生活環境から決定されたものであろう。ユシヤは、幼少にして、那覇の遊里に売られた。彼女が短い生涯をおえた仲島の遊里社会は、彼女に何を与えただろうか。宿命観と技巧である。

ユシヤにとってこの世は、意の如くならないものばかりだった。まず、彼女は恩納村の貧乏農家に生れ、貧苦のために、花町にうられたのである。売春を強要されたのである。

恨む比謝橋や、情ねむ人の
わが身渡さやいかけてうちやら

那覇に送られる途中、幼女のとき歌ったといわれるが、ユシヤの悲運は、この辺から出発している。そして、ユシヤが長ずるに従って見て来た社会は、金力と権力のうずまく世界であり、強制社会であった。そこでは凡ゆる自由がしばられる。遊里こそは、封建社会の一つの縮図であった。そこは、また虚偽と技巧の社会であった。買われた遊女としての生活の中で、ユシヤの人間性は、正しく伸びることを許されなかった。

あきらめといつわりの中で、彼女がつくった歌は、無常観をたたえ、技巧的であった。例えば、

月や昔から変ることねらん
変てゆくむぬや人の心

これは、運命に追いつめられた心の嘆息である。この詠嘆と技巧の中で、ユシヤの詩才はゆがめられ、高い格調は逃げている。

「生きるリズム」はすっかり枯れはてている。ユシヤには、運命に抗する力はなかった。ユシヤは遊里社会に生活の根をおろすことのできる「悪徳の女」ではなかった。平凡な、恩納村の庶民の娘でしかなかった。

ユシヤが即興的につくったと言われる歌の中に、遊客を観察したもの、一、二があるが、それは、ユーモラスと、すばらしいリアリズムの筆致にあふれている。

馬や仲島の木のひぢにちなぢ
主や仲島の裏座ぐまい

とか、ひやかしの遊客を、「ががで夜むどやがかかいしがい」などと、やりこめる所など、こうした即興的な歌の中に、ユシヤの才のひらめきを感ずるのである。彼女にとって、しかし、それは、あくまで即興であった。

真面目になって作った歌は、必ず環境からくる悲哀をこめたものだった。彼女の人間性と、詩才がゆがめられたことは明らかである。ユシヤは歌の作風から言えば、小野小町に似ており、その境遇は「椿姫」に似ている。運命と社会の圧力に抗することができずに、はかなく散った一輪の花。しかも、そこに、散りゆくものの美しさを残している。

流れゆる水に桜花浮きて
色美さあてとすくて見ちやる

これは、自らを運命に仮託して、歌ったものである。こうした、技巧と仮託の中でしか、ユシヤは自らを表現することができなかったのである。それは、浮世絵的な一つの世界である。水のほとりにたたずむ美しい遊女。流れに浮かぶ桜花。それをすくってみるという所作。すべては技巧的である。「流れゆる水」は運命の流れであり、「桜花は」作者自身である。流れに桜花をうかべてみるというのは、運命の流れの中に自分自身をおいて、客観的にみるということである。「色美さあてどすくてんちやる」は、たわむれに浮かべてみた。桜の花がわが身にたとえられ、いぢらしく、可愛くなり、思わず抱きしめた、という意味で、実際はこの世の中で、不可抗力におし流されいく、自分の運命に対する嘆きであり、「あきらめの自我愛」である。そこに、弱く亡びゆくものの、一抹の美がただよう。デカタンヌの夕映えの如く、それは優美で倦怠である。

ユシヤの一生は、何だか、琉球の悲劇の歴史を象徴するもののようでもある。

現実に耐えなかったユシヤに反して、恩納ナビは現実を止揚した。ユシヤが現実を否定したのに対して、ナビは現実を肯定した。ユシヤが夜であれば、恩納ナビは昼であった。ユシヤは生きる自我を極度に狭め、ナビはこれを極度に拡大した。ユシヤが影であれば、ナビは光であった。ユシヤは朝敏が反抗した社会をあきらめて甘受し、自らを渡し、その哀傷の中で悲劇の主人公となったのである。恩納ナビとユシヤの相異は、ただに夫々のおかれた環境の相異からくるものではなく、また、その性格の相異にもよるものである。二人の恋愛観をみたら直ちにそれがわかる。ナビの恋愛観は積極的であり、ユシヤのそれは消極的であった。美女ユシヤには言い寄る男たちも多かったはずだが、それらの恋を、彼女は自らのつくる悲劇のイリュージョンで打ちこわしている。恩納ナビにもままにならぬ恋が色々あっただろうが、彼女は、あくまで、はげしい情熱をもって意欲している。

「ひとり山の端の月に向かって」と、待てども、やってこない恋人を待つわびしさをかこつユシヤと、「森ん押しのけて、くがたなさな」と、不可能を可能にしようとする恩納ナビ。また、ユシヤが自意識的であるのに、ナビは没我的である。

ユシヤの考えは、いつでも自己にかえってくる。自我中心で、ナルシサス的である。それにくらべて、ナビは、他我に没入しようとする。ナビの強烈な自我は、他我に没入する自我であり、自己否定の上に立った自己肯定である。対象の中に、烈しくとびこもうとする。捨身の自我である。そして、ナビは、庶民の中に自然の中に、恋人の中に、没我的に自我を投入する。ユシヤは、生の逃避者であり、ナビは礼讃者であった。ナビは、不可抗力な運命の手を感じなかった。彼女は、本能の自然を信じ、それを阻む如何なる障害もみとめなかった。わが恋のためには、「山も動け」、と叫ぶ彼女である。

琉球の封建社会の中で、ナビによって初めて自我が自然の姿に放たれたのだ！

島国性と海洋性

ナビとユシヤ――同じく恩納村の庶民から出た二人の性格が、こうも違うのは、どういうわけか。この二つの類型の中に、私はまた、歴史と民族性を貫く二つの底流をみるのである。それは、島国的狭小性と、海洋的開濶性である。島という条件を裏と表から、みた場合、極端に相反する二つの性格がそこから出てくる。我々が島というものを主体にして考える時、島の狭さということだけが意識される。しかし、その反対に島の周囲をとりまく海洋を主体と考えるとき、海洋の大きさが意識される。そのいずれに、われわれが目ざめるかということが問題である。琉球の歴史を眺めた場合、島国の悲運を感じさせる時代があったかと思うと、海洋の広さを利用して大いに発展した時代がある。また、琉球の民族性の中には、事大主義や島国の狭小性に劣等感をもつ面があるかと思えば、遠く南米や南洋に植民し、葉舟を浮かべて大洋を渡るといった面もある。
島国性と海洋性の二つの性格の流れが、時代や民族の中で消長しつつ並在しているのである。

では、この二つの性格はどうして生れたか。われわれの意識生活の中に、どうしてこの二つの相反する異質物が持ち込まれたか。——琉球民族は渡来民族であるといわれる。民族の発生からみると、海洋性というのが琉球民族の本来の性格であるはずである。海を渡って来た渡来民族は、たくさんの島づたいにやって来たのであり、島の大小よりか、まず、海洋の広さということに意識が占領されていた。そこには数知れぬ苦難と冒険と広大なる未知の領域があり、それを征服してやって来た渡来民族は、明朗、率直、健康、勇敢であったにちがいない。

最初に琉球に辿りついたこの勇敢な海洋民族の性格は、その後、ゼネレーションを重ねていく中に、だんだん失われて行った。海洋民族は、もう二度と海を渡る必要がなくなり、辿りついた島に社会を作って住みつき、幾時代かを重ねた。そうする中に、海洋よりは島というのが生活の中心となる条件として、意識にのぼり初めたのだ。

人為社会と歴史とは、かくして、海洋民族の雄渾な性格を狭い島の中でゆがめて行った。島を主体に生活の条件を立てるとき、われわれは狭小と貧困に遭遇し、いじけた意識生活を結果するようになるからである。「おもろ」の時代には、まだ、海洋的性格がみなぎっていた。しかし、琉球に封建社会が確立されてくるにつれて、島国的な悲劇性が発生した。仲島の遊里という、自由を奪われた社会で、人為社会の歴史の重圧に忍従してきた民族の、諦観的な、いじけた民族性が、ユシヤという一個の庶民を借りて頭をもたげ、海洋を前にした恩納の自然の中に生きた恩納ナビの血管に沸々として、海洋民族の血がたぎったのではないか。明朗、大胆、率直、健康――この、原初的な民族の性格が、ナビという個の中に、新しい自我をよみがえらせたのではないか。かつての海洋民族は、全く時間と空間を征服し幾時代かをかけて、広大な海洋をわたってきたのである。ナビも、全く時間と空間を無視していた。封建という時代に、階級を超えて士族の青年に恋してみたり、山に向かって、「恋の邪魔になるからのいてくれ」といってみたり、海風のように素朴で新鮮であった。

それにくらべて、ユシヤは、封建という時代と、花街という狭い社会のしがらみに身動きができなかったのである。ユシヤの生命は、すでにあるものに耐えようとする生命であり、恩納ナビの生命は、「あるべきものを、意欲する」生命である。自然を友とし、自然とたたかった、たくましい祖先たちの正しい血統が、ナビの、あからさまで、大胆で、かざることをしらぬ自然さの中に受けつがれていた。また、原初的な、海洋的性格は、規則と拘束の社会に於いてよりも、自由な自然と接触して生活した庶民の間に、よりゆたかに保存されていた。

ナビの自我

恩納ナビの歌には、躍動する新鮮なリズムと、生命の充足感がある。封建時代に、あれ程、自我を解放しえたことに驚異を感ずる。

この自我の解放は、決して、士族社会の中でなしうるところではなかった。朝敏は、その意識の中から、封建の亡霊を追い払うことはできず、また、制度の圧力にうちひしがれてしまった。庶民の中にこそ、自我を解放するべき余地が残されていたのである。

恩納岳彼方《あがた》里が生れ島
杜ん押し退《の》けて　此方《くがた》なさな

生の夜明けに、爽涼の気満つの感がある。

牧羊神がめざめたのだ。荒々しい情念のいぶきよ。生命が力と輝きとを以て、大気の中に開かれたという感である。主観的自我が、限りない自信にみちて、正しく、何物かを意欲している。

驚くべきことは、迷信と、封建的なモラルにみちたあの時代に、かかる大胆な形式で恋愛の意志を表示したことではない。その裏にかくされたすばらしい情念の解放である。意欲の健康とたくましさである。「人間の中の自然の声」を、これほど自信を以て叫んだことである。ゆがめられぬ魂の素直なふくらみである。単純で、卒直な、この表現！　しかし、このリズムの高さをみよ！　恋人の郷里は、恩納岳の向う側にある。恩納岳は、自分の村と、恋人の村との中間に大きくそびえている。あの、恩納岳がなければ…しかし、あの恩納岳が路の邪魔になっている。たとえ、それが山であろうとも、邪魔になるものは取り払って、恋人の村をこちらへひきよせたいものだ。意味は、実に簡単である。ただ、その情熱のはげしさ、意欲の強さ、それを統御するリズムの高さ、健康さ、雄大さ。――まさに万座巌頭に砕け、躍る波である。朝夕、平和に眺めて育った美麗の恩納岳に向かって、「わが恋まかり通る。そこのけ」と叫ぶ。そこには、情熱をもてあます暗さはない。愛を求めての、もだえもない。躍動する波のはげしさと、その上をわたる微風の快活明朗さがあるだけである。情熱を統御する健康性があるだけである。欲求はするが、期待はしない刹那的全我がそこに盛りこめられている。

この歌からは、爽涼の大気に接したような感銘をうける。そこに、解放された「私」の、喜びがあるのだ。そこでは、彼女は、もう恋のとりこでもない。自由な、自然の生命が、そこで生き生きとよみがえっているのだ。まるで、情熱の金字塔だ！　そこで、恩納ナビは自己の生命の解放を歌っているのであって、対象の所有を期待しているのではない。しかし、そこには、何かを貫き徹そうとする意欲がある。それこそ、主情的なロマン精神ではないか。

表現の奔放不羈と相まって、その、情念の解放はまことにすばらしい。必然的な内部の声が単純そのものといいたい形式の中で、もり上っている。そこで「個」がはじめて、自らの欲求に確信をもつのだ。

ナビの自我は、しかし、利己的な自我ではない。その意欲は所有を期待する意欲ではない。何物も所有せず何物にも所有されないで、「個」として立つ、自我である。その自我は、しかし、凡ゆるものから何かをうばい、凡ゆるものに何かを与える、すべてに向かって明け放たれた心！　それは一種の光源体性であり、光を吸収し、光を放射する。

恋は、彼女の情熱のいぶきであり、本能の解放であり、自我の拡大である。

恩納岳あがた里が生れ島
杜んおしのけて　くがたなさな

Unnadaki agata Satuga umarijima,
muin Ushinukiti kugata Nasana.

琉球の言葉のニュアンスを知るほどの人なら、この歌のリズムはいくらくりかえしてくちずさんでもあきないはずだ。そして、何かしら、縹渺と、情熱のもり上ってくるものをおぼえるはずだ。——全く歌神の「いぶき」にふれる想いがする。

礼讃することとは、対象を偶像化することになるだろうか。そうとのみは、限らないと思う。偶像化ということは、無批判に信ずることである。しかし、批判する前に、まず、感動してみよう。少くとも、ある魂の律動はその律動の高さを感動してみることなしには、批判はできない。かかる場合、感動をともなわない批判は、その魂の律動を正しくとらえることにはならない。

彼女の作品を知らずしては、その魂の内的光景を把握することはできない。その作品を知るためには、まず、その作品と共に感動してみなければならない。ナビは、自己の内部の自然の情念以外のものを信じていないし、その情念は、自然さの中で均衡を保っている。波は荒れても、自然の力学以外を出ない。——もし、彼女の中に神秘的なものが発見されるとしても、それは、自然の中を流れる神秘性である。それは、彼女の魂によって、その溌剌たる感覚によって触発された自然の中の電流であり、火花である。

それは、自然と人間の中で彼女が感受し、同化した霊感である。それは、海を渡った祖先たちの魂である。それは、自然の野生の中にひそむ神秘である。それは星の如く健康であり、波の如く新鮮である。

明日からの明後日（アサテ）さとが
　番上り谷茶越す雨の降らなやしが

そこには、夕立ちのような、すがすがしさがある、白い雨足のような健康がある。五月のような青春と情熱が感じられる。恋するものの悩みも、暗さもない。胸のすき通るような、さわやかさがあるだけである。――野生的で、荒々しい、しかも、愛すべき恋愛感情の表現である。相手の男は、公用を帯びて出立する「サムライ」である。何の屈託もない感情である。彼女は、感ずる一個の人間である。相手が庶民であろうが、「サムライ」であろうが、そんな事は問題ではない。それこそ、庶民の、ほんとうの大胆さではないだろうか。それは、夕立のように、さわやかなものであった。彼女は、恋愛によって、健康で自然な情念のいぶきを感じ、自我を解放したのだ。自然の魂の「コダマ」が彼女の胸にかえってきたのだ。

彼女の情熱は、恩納岳のように大きく、我々の眼前にそびえる。いや、恩納岳が、彼女の胸の乳房のようにさえ思われる。彼女は、恩納岳のような大きな乳房でその情熱を吸収したのではないかとさえ思われる。

万座毛の自然とナビ

万座毛――それは、琉球の自然が提供しうる絶景の一つである。眺望の大、景観の美、まず、比類がない。海面高くそびえる断崖に立てば、はるか脚下に、砕ける波の音を踏まえている。右手に、曲浦の海岸線と名護湾、その向うに、本部半島がのびて、その突端に、はるか伊江島が遠望される。左手は、残波岬につらなる凸凹の海岸、そして、前面に、渺茫と東支那海がひらける。頭をめぐらすと、平和な恩納村の上になだらかな線をえがいて、女性的な恩納岳がある。万座毛の断崖を基点に、海をかこむ雄大な眺望と、恩納岳を中心にした優美な風景が一望の間に、おさまっている。海洋の動的美と山岳の静的美が妙を得て、対照の極致をなしている。恩納岳の従順と、万座毛の躍動――恩納ナビの性格の中にもまた、この自然によって象徴されるものがある。扁舟をあやつり太洋をわたってきた渡来民族たる祖先――彼等は、大胆で、また、従順な民族であった。大洋の荒波をのりきるためには、冒険と忍耐を必要とした。そして冒険は勇気を生み、忍耐は従順をもたらした。――我らは、自然に従う以外に、自然を征服することはできない――海洋をわたった祖先たちは、自然のままに、波のままに自らをまかしたのではない。彼等は、自然や運命とたたかったのである。しかし、自然とたたかうことが如何に、勇気と同時に忍耐を必要としたことか。忍耐ということは、自然の理法に耐えてゆく力である。それは、人為的な社会の非合理や圧迫に、忍従することとは性質がちがう。海洋民族の健康な忍耐力からは従順という性格が生れ、人為的な非合理への忍従からは、いじけた性格が生れる。

一方は、素直な明るさであり、他方は病的な暗さである。そこにナビのオプティミズムと、ユシヤのペシミズムがある。いつまでまっても来ない対象——恋人——をまちわびるユシヤの悲観的な性格と、対象——恋人——を、自分のところにひきよせようとそのために邪魔になるものがあれば、たとえ、山のようなものでも押し退けようと、あくまで意欲を貫徹しようとするナビの楽観的性格との相異がある。ナビには、大胆な意欲的な面と、素直な従順な面とがあり、それらが、健康的で楽観的な物の感じ方で貫かれている。それは、ちょうど、万座毛の断崖にくだける、はげしく、意欲的な波の躍動と、他方、優美で、平和で、従順な恩納岳の情緒と——そして、それらすべてをつつみ、限りなく広がる一望の開放的な明るさによって象徴されるものである。そこに、ナビという一個の——性格美——が誕生したのである。雄渾にして且つ従順な、海洋的性格が生れたのである。この性格は、自然を恋する庶民の生活にほのかに残されていたものであった。たまたま、民族の、この原初的な性格美が、一個の生命をかりて具象化されたのである。ナビの、右にのべた性格の二面は、「恋忍ぶまでの禁止やねさめ」という歌一つにも現われている。ナビは、この歌によって、役人の無理解を憤ると同時に平和な庶民の生活を守ろうとしているのである。

尚敬とナビ

国王尚敬が万座毛に駕籠を運んだのは、享保十一年の十月だと言われている。旧暦の十月は、まさに冬の季節である。万座毛に、わざわざ物見遊山のために来たとも考えられない。まして、駕籠を用い、供奉の者多数を従えての遠路の旅は、幾日かを要したにちがいない。おそらくは、諸間切巡視の折、音にきこえた万座毛の風光を見んものと立ち寄ったにちがいない。その時、恩納ナビは例の歌を詠んだのである。冬の季節ではあり、特に、波風が荒かったのであろう。「波の声ん止り、風の声ん止まり」という言葉となった。国王尚敬と、恩納ナビがどういう風にして対面したか。また、ナビの例の歌は、どういう形式で詠まれたものであるか、それは知るよしもない。ナビはただ群衆と共に王を迎えて、ひそかに例の歌をつくったのか。或いは、王の面前で、自ら進み出て、或いは、求められて作ったのであるか。更に、ナビの作歌の動機は、強制によるものか、へつらいによるものか、まごころによるものか、色々疑問がある。しかし、ナビは、王の前に呼び出されて、求められ、即興的にあの歌をつくったとみてよさそうである。これには、理由がある。それは、ナビが当時、すでに、首里にまで知られた「歌詠み」であっただろうということである。

ナビの歌で残っているのはわずかである。そのわずかな歌は、口頭によって伝承されたものである。だから、表現の末節に於いて、色々異った伝承のされかたをしている。士族であった朝敏は、作品を記録したであろうが、ナビは、おそらく文字の教養がなく、その作品は、記録されたものではなかろう。もし、ナビの歌が記録によって残されたものなら、我々は、もっと多くの作品に接することができたであろう。

二、三の作歌によって、ナビが、あれほど有名になり得たとは思えない。庶民芸術の中でも、物語や、歌や、歌曲などは記録というよりは、伝承されたものが多い。それで、大抵、作者不明になっている。口頭で伝承された歌で、この歌は誰々の作だと作者がはっきりわかっており、その作品の価値が高くみとめられているのはその作者が生存当時に於いて、すでに有名であったことの証左にはならないだろうか。何故なら、記録されたものであれば、作者の生存当時は、その作品価値がみとめられず、埋没しても、後世の人が、その真価を見出してその作品と作者の名前がつたわるということもある。しかし、口頭で伝承されるもので、その作品がつくられた当時の人々が何の価値もない作品と思えば、それは伝承しないだろう。それが伝承され、しかも、作者の名前が後世まで伝わるためには、その作品と作者は当時に於いてすでに人々に知られたものでなければならなかったはずだ。こう考えてきて、それでは、ナビがどうして有名になり、その作品価値が、どうして高く当時の人々に評価されるようになったか、万座毛で例の歌をつくった時を基点に考えてみる。

　万座毛に於いて、王の前で、ナビが例の歌をつくったために有名になった。という考え方を、まず出してみる。この場合、ナビは、自ら王の前に進み出て例の歌を呈したとみなければなるまい。王に供奉して、万座毛にやって来た人たちの中には、教養の高いのが多かったとみて差支えない。これらの側近者たちは、たまたま、恩納村の一庶民であるこの婦人の歌が、これまでにない「横紙やぶり」であり、破格の格調をもつのに驚異の目を見張ったとも考えられる。この歌の価値が、その時みとめられたからこそ残ったのであり、単に、王をほめたものである「めでたし、めでたし」という程度のものであったら、その場限りになったはずである。しかし、果して当時の役人が、恩納ナビの歌の真価を正しく見抜くことができただろうか。

　そして、ナビは、王の前でみとめられて、初めて名をなすに至ったのだろうか。

　これは疑問とならざるを得ない。何故なら、ナビの歌は、当時の役人や、教養人の評価を超えており、また、その真価は、知識や教養で評価されうるものでもないと思われるからである。まず、ナビの歌は、庶民の間につたわり、そして、有名になったにちがいない。

それでは、庶民の間には、ナビの歌の価値を正しく受けとる、何物かが準備されていたのだろうか。当時の庶民は、ナビの歌を鑑賞し評価するだけの文学的教養に恵まれていたのだろうか。そうだとは全く考えられないではないか。――ナビの歌は、鑑賞されたのではなく、感動されたのである。彼女の歌は、庶民でなければわからない歌である。それは、庶民の魂の琴線にふれ、それを強くふるわした。それは、庶民の素朴な心に、率直に訴えた。庶民の生活の中から、庶民の言葉と感情とをもって歌われたナビの歌が、庶民によって共感され、感動されたのは当然である。ナビの歌は、思想の深遠、技巧の妙を以て価値あるのではない。ナビの歌のもつ価値は、その格調である。つまり、感動の高さである。人の魂を動かす強さである。その言葉は、幼児の叫びのようでもある。それでいて、純粋に人の心をゆすぶるものがある。いくらくりかえして、口ずさんでみても、あきることがなく、いつも新鮮そのものである。

庶民は、彼女の歌を理解したのではない。魂に感じたのだ。彼女も又、庶民の間にある魂の交流を、高く止揚したまでである。

それだけに、彼女の歌には普遍的なものがある。――どう考えてもナビの歌を、最初にうけとったのは、庶民でなければならない。そうするとナビは、万座毛に於いて名を知られたのではないと言える。すでに当時名を知られたナビを王はよび出して、即興の歌を求めたにちがいない。また当時は、歌というものがどういう形式で表現されたかということも、考えないわけにはゆかない。おそらく、踊りや歌曲と関係があり、或いは身振りや、動作と共に、ある節まわしで歌われたものであるかもしれない。

さて、王から求められて作ったにしても、或いは、自ら献上したものであったにしても、ナビの、例の歌は強制によるものでも、へつらいによるものでもないと思われる。それでは、彼女の歌は真心から出たものだろうか。真心から出たものだとすると、ナビはどうしてあんな歌を、心の底から歌ったのだろうか。いよいよ当初の疑問にかえってきたような気がする。ふれなければならない本論にめぐって来たような気がする。それはかなり困難な問題であるので、解決を与えるより、むしろ疑問として投げた方がよいと思われる。しかし、私なりの解釈は、一応つけておいた方がよいと考える。――ナビは王をたたえる歌を、真面目な気持で歌ったのだろうか。だとすると、庶民の代弁者である彼女が、何故、王の権力を礼讃し、肯定したのであるか。――

この問題にふれる前に、もう一度、万座毛に於ける王とナビの対面の場を考えてみよう。庶民を代表する恩納ナビと、権力の代表者たる国王尚敬との対決、――しかも、万座毛という雄大な舞台である。前面に東シナ海、後方に恩納岳、背景の道具建ても完璧で、まことに劇的シーンである。琉球歴史上の、少しアクセントをつけてみたい一幕ではある。

歴史というものを、単なる事実の記録だと考えるなら、この万座毛の一幕も何ら興味はないものになってしまうだろう。尚敬王が、何年何月に万座毛に行った。その時農家の娘ナビがかくかくの歌をよんだ。というただこれだけのことになってしまう。

単なる記録は、生きた歴史ではない。歴史上の重要な事柄は、すべて精神の内部に於いて生起する。この重要な事柄は、簡単に、人の目に映じない人間のパッションとモーティブにかかわるものである。歴史は人間の行動の記録である。しかし、単なる行動の記録は何もならない。大切なものは、行動を起した人間のパッションやモーティブや決断が何であったか。その意味が大切であって、それらに伴う手足の運動が大切なのではない。歴史家は往々にして、手足の運動だけを記録する。ある行動を生起させた精神的内部の要素は、不可視である。これを知るためには、イマジネーションと推察と解釈が必要である。ある事実の中には、隠された人間の思想や感情――つまり、不安や期待や希望や計画がある。真の歴史は、そのような所を流れている。行為の事実はむしろ二義的なものである。

History is interpretation（歴史は解釈である）といわれる。解釈を許さぬ歴史は、単なる事実の死灰の集積に外ならない。だからといって、事実は無責任な想像で解釈されてはいけない。事実の内面的な意味をよみ取ることが必要である。歴史の解釈に於いて、想像力の活動は許されなくてはいけない。

――ここに大切なことは、国王尚敬が万座毛にやってきたという手足の運動、ナビが国王の前に出て手を動かし口を動かし、或いは、上体をかがめたりして歌を詠んだという、その、身体の運動ではない。大切なのは、すべて外形的な事実ではないのだ。尚敬が如何なる動機で万座毛に立寄ったか、どういう気持でナビに即興の歌を詠ませ、その歌に対して、どういう反応を示したか。また、ナビは、如何なる期待と決断をもって王の前に出て、如何なる気持であの歌を詠んだか――真の歴史は、そんな所を流れている。そう考えたからこそ、私は一見何でもないと思われる万座毛の一事件に、かく長々と解釈を試みて来たのである。そして、これは、あくまで私の試論である。解釈は、いくらでもあり、疑問はいくらも残されよう。ただ歴史的事実に対して、私は、解釈を試みて見るにすぎない。

――さて、ナビは、庶民の間にすでに知られ、親しまれていた歌人であり、彼女は、尚敬に求められて、或いは自ら進み出て、即興の歌を詠んだ。この歌が強制されたものでも、へつらいでもなかった。彼女の性格を、もう一度ふり返ってみる必要がある。自然、従順、素朴、明朗、大胆、卒直、――そうした性格が、果して、強制され、そうした性格の中から、へつらいが出てくるだろうか。山に向かって「くがたなさな」と歌い、海に向かって「波の声ん止まり」と叫びかける彼女である。本能の意欲する所に従い、主観的な自我を無限に拡大しようとする自由人である。何で人為的な権力に強制される必要があろうか。

庶民を愛した彼女が、何で権力にへつらう必要があろうか。権力を礼讃することを強制されたら、彼女は、むしろ、その昔リューカディアの海岸に身を投じたギリシヤの女詩人、サッフォのように、万座毛の巌頭から身を躍らしたにちがいない。――ナビは心から尚敬を歓迎し、礼讃したのである。

その歌についてその作意を推察してみよう。

波の声ん止まり、風の声ん止まり
首里天加那志、御うんち拝ま。

これは、もう、とても技巧ではない。有頂点な興奮である。「波の声ん止まり、風の声ん止まり」という上の句に、恋する乙女のような、胸のはずみが感じられる。これは、期待にふるえた歓迎の気持である。「首里天加那志、御うんち拝ま」の下句には、心からの礼讃の気持がみなぎっている。

この歌の上の句と下の句は、いずれも調べが高く、ひとつも格調がくずれていない。もし、この歌が強制により、或いは、へつらいのためにつくられたものであったら、そこには、嘘がなければならず、みえすいた技巧がなければならないが、ナビの他の歌とくらべても、この歌の調べが、どうしても劣るとは考えられない。それは、どうしたわけか。この歌を作った動機の真実性は、まずこの歌のもつ格調の高さから判断されなければならぬ。

少くとも、この歌には一種の感動がもり上っており、たとえ、王を迎えるその気持を、我々が直接の感動として受けとることはできなくても、その歌に現われたナビの感動、つまり、歌そのものの格調の高さと、感動のもり上りはわかるものである。感情が統一されて、そこには寸分の乱れも発見できない。歌の格調と、その中にもられた感情とが、完全に一致して、高い感動に止揚されている。この歌のもつ感動の高さからみて、ナビの作歌の動機が純粋であったものと信じてまちがいないものと思われる。

庶民の礼讃者

尚敬の時代、一代の経世家蔡温が国政を坦当し、百年の産業政策をうちたてた。その前に、羽地按司・向象賢が、羽地仕置によって、諸制度の改革に着手し、庶民経済の建直しをやった。すでにまた野国総管が甘諸を、儀間真常が甘蔗を支那から輸入したあとで、琉球の農村に光明が見出されつつあった。そうした素地の上で、蔡温は十分、その産業政策の腕をふるうことができたのである。尚敬自身また、国政に熱心で、羽地の運河工事を実地に視察などしている。恩納ナビが住んでいた当時の恩納間切を例にとっても、谷茶から名護に到る海岸は、立派にアダンが植えられ作物に害がないように防波堤がつくられたといい、ナビの歌に、

さきとしにかわて　恩納村はづし
路はさで松の　なだるちゆらさ

とあるのも、植林政策をたたえたものではないかと思われる。恩納ナビが、「波の声ん止まり」と叫んで、王を迎えようとした気持が、わかるような気がするではないか。彼女の、この気持は、また、庶民の気持をそのまま代表したものではなかったろうか。ナビは、尚敬に於いて、覇者の権力ではなく王者の権威をみとめたのである。自然と庶民のなかに身をおいた彼女は、決して王の中に偶像を発見したのではない。庶民の生活をまもることをその讃えの中にこめて願ったのである。自我の解放者であった彼女は、また、偶像の破壊者でもあった。

彼女は、宇宙の中心を、王の中にではなく、自我の中にみていた。だからこそ、「森んおしのけてくがたなさな」と言い、「波の声んとまり、風の声んとまり」と叫んだのである。めざめた自我は、もう主体者であり、能動的に自然に呼びかけている。彼女が、また、ノロの迷信的な信仰政治の中で、勇敢に人間の欲情を歌ったということも驚異に価することであり、内なる本能の自然の声に従って何物もおそれなかった証拠である。彼女は、自然を王に隷属させようとしたのではなく、友なる自然と共に、庶民の味方である王を迎えようとしたのだ。

海洋をわたって、この島にやってきた渡来の民族の間には、人為的な階級はなかった。しかも、彼女の血管に流れているものは、最初の祖先たちの血である。――彼女は、勿論王が象徴する封建社会の組織をたたえたのではない。また、彼女には封建社会以外の社会を考えることができなかったかも知れない。然し、彼女は、その中で人為的なものと、自然的なものとを識別する直観力をもっていた。

そして、庶民の生活をまもり、庶民に味方するものは、彼女にとっては、すべて自然的なものであったのである、――詩人は、考えるのではなく、感じるのである。彼女は、ただ自然にもとるものには怒り、自然と思われるものは讃えたのである。この場合、彼女はあくまで自然である庶民の生活をたたえているのである。王の前で、庶民であることを誇り、その誇りを以て「波の声んとまり」と言っているのである。王のためにではなく、王を迎える自分のために、波や風の音に呼びかけているのである。

ここでは彼女の自我があくまで主体的である。そして、その自我を没我的に投入しようとしている対象は庶民である。彼女は、庶民のために、庶民の生活を通して、王の権威をみとめたのだ。彼女は、自然らしさに於いて従順であり、その自我は、他我との平和的な共存を必要とした。恩納ナビには、万座毛の断崖におどる波の如き、はげしい情熱と、恩納嵐のような自然に従う素直さがあると言った。

「恩納岳あがた里が生れ島杜んおしのけてくがたなさな」という時のナビは、まさに、万座毛に躍る波であり、「波の声ん止まり、風の声んとまり、首里天加那志、御うんち拝ま」とうたう時のナビは、あたかも、恩納岳のような、平和と素直さにかえっているのである。「波の声ん止まり」とうたった恩納ナビは王をむかえる自分のために、かく、自然に、呼びかけたのであり、かく呼びかける彼女のみが一つの大きな塑像ではないか。

天衣無縫の詩人

万座毛に於ける尚敬と恩納ナビ——

尚敬は庶民を理解し、ナビは王者の権威をみとめようとした。しかし、一方は、人為社会の子であり、他方は、自然の子であった。万座毛に今も、波はさわぎ風は叫ぶ。しかし、残念なことには、波や風の音と共に、歴史はどこかへ去ってしまった。万座毛の岩塊に、恩納岳の静寂に、何をたずね得べくもない。ただかつて、この岸辺に、黒髪を吹く風になぶらせて、「波の声んとまり」と、うたったかの詩人の胸の調べの高き響きのみが、波の音や風の声とともに残されているのである。——恩納ナビこそは、真の庶民であり、更に純乎として、純なる詩人であった。朝敏のような反抗もなく、ユシヤのような、悲劇的な波瀾もなく、蔡温のような地上の権威もなく、恩納ナビは、恩納村の庶民として、一個の農村詩人として平凡にその生涯を送ったのである。しかし、彼女こそは、平凡にして、かつ、天衣無縫の詩人であり、琉球が生んだ最大のロマンチストであった。

彼女の、朗らかな健康性と、壮大なロマン精神と、真摯な意欲と、新鮮な情念とは、常に民族の内部に「いぶき」を吹きいれるものである。

琉球の言葉がもつ、音律や響きが、彼女の言葉によって最高度に止揚され、原初民族の内部的な律動が、彼女の魂を通して正しくつたえられた。恩納ナビの歌のリズムは、いつまでも庶民の胸にひびくのである。

ジョン万次郎外伝

―摩文仁からはじまった開国の曙光―

摩文仁に降り立った万次郎たち

沖縄島の南端、摩文仁岳の断崖下にひろがる海。その四マイル沖に、一八五一年（嘉永四年）旧暦一月二日、陽が水平線に傾きかけるころ、一隻のアメリカ商船が姿をみせた。その船から一艘のボートがおろされ、三人の男が岸に向けてボートを漕ぎはじめた。真冬の海は、激しい風雨で荒れていた。やっと、岸に辿りついたときには、日はとっぷりと暮れていた。三人は、ボートを岩礁の間にかくし、断崖の下で一夜を明かすことにした。ボートには、食料やアメリカから持ってきた珍しい品が、一杯つめこんであった。寒さと未知の土地への不安で、三人はふるえた。

翌三日、ようやく風雨はやみ、岸辺近くにミカン畑のある一軒の農家が目についた。おそるおそる近付いてみると、その農家では、豚料理に舌鼓をうち、泡盛酒をくみかわし、蛇皮線をかき鳴らして陽気に歌い、踊っていた。旧正の宴を張っていたのである。

そこへ、見たこともない服装をした「異人」が突然、ヌッと現われたので、農家の人たちは、腰を抜かさんばかりに驚いた。彼らは口ぐちに何かわめきながら、家から飛び出した。平和な農村はたちまち大騒ぎとなった。

そこは、琉球国摩文仁間切（村）小渡浜であった。小渡浜は自然の良港で、かつて〝唐川〟とよばれた入江がある。十五世紀初頭、琉球が中山、南山、北山の三王国に分立していた時代、この小渡浜は、南山王国の貿易港として、かなり栄えていたにちがいない。古劇〝組踊〟にも「きようのよかる日や空もすみ渡て　まとも押す風に波も押しそえて覚らずに摩文仁小渡浜に着ちゃん」とあるように、ふだんは波静かな場所である。海岸は海成沖積層で、ちょっとばかり広い砂丘があり、いまは、アダンや木麻黄など防潮林が密生し、海岸よりにあった部落は、戦後、奥地に移り、土地の名称も〝大度〟に変っている。

農家が目についたとき、まず、年長の男がさきに上陸して様子をさぐった。彼は、農家の人たちに、「ここは何という所か」とたずねたつもりだが、言葉が通じない。こわくなって、ボートに逃げ帰った。「おれの日本語は通じなくなった」と、すっかり悄気返ってしまった。土地の人たちが、みなチョンマゲを結っているので、日本語が通ずるものと思っていたのである。

こんどは、いちばん年の若い、風采の立派な男が、ポケットにピストルを忍ばせて立ち上った。この若者は、知的な顔に決意をみなぎらせて、部落の方に歩いて行った。途中で一人の島民と出会ったので、彼は「水を飲ましてくれ」と、英語で手真似をした。

三人の男は、ボートから台所用具を持ち出してきて、空屋になった農家でビーフやポークを火にかけ、コーヒーを沸かして飲んでいた。「やっと気持ちが落ちついた」

と、一人が言うと、

「これから、おれたちはどうなるだろうか」

と、他の一人は、不安の色をかくさなかった。

「とにかく疲れた。荒い海を岸までボートを漕ぐだけでも精一杯だったのに、夕べは雨風に打たれて一晩中、ねむれなかった。しかし、休むわけにはゆかない。まもなく、村の役人が調べにくるだろう」

と、カマドの火で体を温めていた、賢そうな若者が言った。

「オアフ島を発ったのは、たしか、十二月十七日だったな。すると、ふた月と十日たっている」。

三人が、異国で流れた十年の歳月に、それぞれの想いをはせているとき、戸外で、ガヤガヤ話し声が聞こえた。村の役人が書記などつれて、取調べにきたのである。まず、三人は一つの小屋に導かれ、水、イモ、米などを与えられた。

島の人たちの親切な態度に、三人はホッとした。ただ、役人たちの周りでは、群衆が好奇の目をみはっている。彼らは洋服を生れて初めてみるのだ。

ことに、チョッキのポケットから懐中時計の金鎖をのぞかせ、ツバの広い帽子をかぶった若者の姿が、みなの注目をひいた。

この異様な服装の男たちは、しかし、全くの異人ではなかった。どこの人かは判然としなかったが、その体格や顔立ちが、自分らとあまり変らない人種であることを知って、村人たちは、さらに意外の感を抱いていた。

役人らは、彼らの国籍、名前、乗船地、着いた場所などをたずねた。最初に上陸して農家の人たちを驚かした年長の男が、役人と応答した。彼だけが日本語を知っていたのである。知っていた、というより、忘れていなかったと言ったほうが適切である。

役人と言葉の通ずる「異様な服装の男」について、村人たちの間では、また、驚きのささやきがかわされた。役人は、若者の持っていたピストルを取りあげ、彼らを番所（村役場）につれて行った。武装した十人の役人が前後を取り囲んでいた。このとき、まだ三人の素性は、はっきりしなかった。琉球の役人との応答があまり要領を得なかったのである。

まして、このささやかな事件が、その後の日本の歴史に、どういうかかわり合いを持つものであるか、誰一人知るよしもなかった。

薩摩の支配下にあった琉球王国

そのころ、琉球国王は尚泰だった。琉球は、統一国家ができてから五つの王統が代り、最後の第二尚氏王統がいちばん長く、嘉永四年までに、すでに三百八十年も続いていた。第二尚氏王統の尚泰が最後の琉球王で、明治十二年の廃藩置県で廃位し、首里城を明け渡した。

異様な服装をした三人の男が摩文仁の海岸に上陸したときから二十八年後に、舜天王統以来、七百年つづいた琉球の封建国家は、終止符を打たれたのである。

尚泰は、三人の男が摩文仁に上陸した事実をおそらく知らなかったにちがいない。彼はそのとき、わずか八歳で、その二年前に王位についたばかりだった。

三人の男が、琉球の歴史をそのまま素通りしたことは間違いない。その証拠には、琉球のどの歴史書をみても、この男たちについて、これはといった記述がないからである。記録といえば、彼らの取扱いに関する役人の公文書が残っているだけである。上司への伺いとか、上司からの命令とか、それもごく表現の簡単なものである。その公文書も、普通の歴史書には記載されていない。思うに、琉球とはあまり関係のない漂流者として、彼らが扱われたことはまちがいない。それに、役所の秘密主義もあったはずだ。

三人の漂流者は、那覇に近い豊見城間切翁長村に連れてこられた。翁長部落の屋号「徳門」といわれる農家が、彼らの宿舎ときめられた。現在、高安公平さんの家で、当時は豪農だった。

その頃、琉球の近海には、しきりに欧米各国の商船、漁船、軍艦などが出没し、これらの船が薪水や野菜の補給を求めてくることがあった。また、なかには難破船があって、その船員が漂着したりした。

しかし、こんどの漂流者は、異国人の服装をしているが、どうも異国人には見えない。琉球の役人は、その取扱いを慎重にすべきだと考えたであろう。豊見城間切翁長村に彼らの宿舎を決めたのも、あまり人目につかない場所で、しかも那覇に近いので取調べに便利だと判断したからである。

まず、那覇から来た検者、新嘉喜親雲上《ペーチン》と下知役の喜久里親雲上が取調べに当った。困ったことに、漂流者は三人とも日本の文字を知らない。風采の立派な若者は、かなり外国の本を持っていたが、なにを話しかけても応答がない。琉球の役人は、でも彼らは日本人にちがいないと考えた。いちばん年長の男が、いくらか日本語を知っていたからである。しかし、むずかしい質問になると、彼は若者と相談して答える始末だった。

結局、会話はその男の通訳で、主として役人と若者との間で交わされた。取調べは夜遅くまでおこなわれたが、ごく簡単なことしかわからなかった。

三名の者は初め、琉球役人の取調べに緊張していたが、「心配するな。ここの人たちは親切だということを聞いている。何もかくし立てする必要はない。ありのままに何でも返答しよう」

と、若者が二人に耳打ちした。取調べがおわると、唐芋、豆腐などが出されたので、三人は安堵の胸をなでおろした。

琉球政庁は、これら漂着人の取扱いに苦慮した。まず、彼らの生活である。産物方御用聞の役人一人が一日交代で、早朝から詰めっきりで、彼らの相談相手となり、食事、衣類寝具は、すべて官費まかない。そのため、翁長村と親見世《おやみせ》（那覇役所）を往来する人夫三人が雇われた。

ことに心を砕いたのは、薩摩や外国との関係である。

当時、琉球には薩摩の在番奉行がいた。

関ケ原役の九年後、一六〇九年（慶長十四年）、薩摩の島津家久は、南征軍を琉球に派遣した。樺山権左衛門尉久高を大将、平田太郎左衛門尉増宗を副将とする鹿児島、国分、加治木、山川、坊津などの兵三千余が、戦艦百余艘で、同年三月四日に山川港を出発し、当時、琉球の領内であった奄美大島の笠利、名瀬、東、西の各間切を、さらに徳之島、沖永良部を攻略して、沖縄北部の運天港に来襲した。

琉球は、それより約一世紀前、足利末期に国王尚真が、各間切に城郭を構えて割拠していた按司（大名）たちを、全部首里に集め、武備を廃し、中国の制度にならって官僚組織による中央集権、つまり文官政治を実現した。

だから、薩摩軍が来攻したとき、琉球はほとんど無防備だった。来攻した薩摩軍は、朝鮮の役や関ケ原戦役を経験した殺伐な戦国武士の集団であり、それに火銃を持っていた。たいした抵抗もせずに、琉球は和を乞い、それ以後、琉球は形式的には王国の体面を保ちながら、実質的には薩摩の支配を受ける形となった。つまり、琉球には、薩摩の出先機関である在番奉行が常駐することになったのである。

豊見城間切の役人、小禄親雲上は、那覇里主《さとぅぬし》（那覇市長）と御物城《おものぐすく》（財務長官）に、つぎの報告をした。

「今度、日本人漂着ニ付テハ、定武方取扱之先例候得共、右者、長々異国ニ罷在、殊ニ当方、英吉利人逗留中之儀ニテ、彼是、差支之廉有之候ニ付、此節ハ御内用方ヨリ致取扱候間、左様可被相心得候、此段申達候事、

右之通、御在番所（薩摩奉行所）ヨリ御掛合有之候間、其心得可被致候、以上」

そのころ、那覇の波之上には、イギリス海軍伝道会から派遣された宣教師ベッテルハイムが家族といっしょに住んでいた。右の文書で、この宣教師にも気兼ねしていることがわ

かる。

琉球官吏の取調べから十日たった旧暦一月十四日、薩摩の役人四人が翁長村の番所（役場）にやってきて、漂流民の所持品などを調べた。所持品といっても、種類が百点近くある。そのとき、漂着三人の身許がはっきりした。

天保十二年（一八四一年）一月五日の朝、新年の黒潮海流にのってやってくるスズキをとるため、五人の漁夫が土佐国高岡郡宇佐浦から船を出した。伝蔵、重助、五右衛門、寅右衛門、万次郎の五人は、出漁して三日目、足摺岬から三十マイル沖合で、はえなわ漁をやっていたが、暴風にあい、七日間、海上を流されて無人島（あとで鳥島とわかった）に漂着した。

そこで、信天翁《あほうどり》などを食べて半年ほど過ごしたとき、アメリカの捕鯨船に救助されたのである。この捕鯨船ジョン・ホーランド号は、それから半年、日本人漂流者五人をのせたまま、日本近海や中部太平洋で捕鯨の旅を続けたあと、ハワイ群島オアフ島のホノルルに着いた。四人はホノルルでおろされ、十四歳の少年だった万次郎だけは捕鯨船に残った。

捕鯨船は、さらに一年五か月ほど、太平洋の各水域で捕鯨をつづけ、一八四三年（天保十四年）五月七日、アメリカのマサチューーセッツ州ニュー・ベッドフォード港に帰った。

万次郎は、その捕鯨船の船長ホイットフィールドの養子となって、名をジョン・マンと改め、捕鯨基地フェアヘブンの町で教育をうけることになった。彼はバーレット校で高等数学、測量学、航海術などを学び、五年後、学校を卒業すると捕鯨船の高級船員となって、約三年間、大西洋、印度洋、太平洋の各水域を航海し、ときには、日本の近海にもきた。

万次郎は、この長い航海で、コンパス、六分儀、クロノメーターなど、学校で習った航海用具の実地操作の経験を積み、また、船の操縦、位置の測定など航海に必要な、あるゆる知識を会得した。

万次郎がマサチューセッツ州のニュー・ベッドフォード港に帰ったのは、一八四九年（嘉永二年）の八月下旬で、ちょうど、カリフォルニアで金鉱が発見され、ゴールドラッシュでアメリカ中が湧いているときだった。彼は養父の許可を得てカリフォルニアに行き、金を掘って旅費をつくり、サンフランシスコからホノルルに向かう船に乗った。

ハワイに残った四人のうち、重助は死んでいた。寅右衛門はハワイに残る決心をしていたので、伝蔵と五右衛門と一緒に帰国することにした。そして、支那茶を積むために上海に向う商船に便乗させてもらうことになったのだった。

万次郎の該博な知識におどろく島津

日本はまだ鎖国の時代である。出国入国は国禁を犯すことで、日本に帰ったらどんな刑罰が待っているか知れなかった。それでまず、琉球に上陸することにした。

万次郎たちはホノルルでボートを買い、商船サラ・ボイド号に積み込んだ。サラ・ボイド号が琉球の近くに来たとき、そのボートを下し、漕いで陸地に着ける計画をしたのである。

「本船から、ただ身柄だけを引渡したとあれば、明らかに漂流人として取扱えるが、さらに自分らの伝馬船（ボート）で、これだけの品物を運んでおるとなれば、単なる漂流人とも言えんな。どうも困ったものだ」

と、薩摩在番奉行所の異国方、堀興左衛門は、同僚を顧みて、苦笑した。

とくに、薩摩役人の目を引いたのは、書籍類だった。十七冊の本を、役人は、丹念にくってみていた。

「いずれも横文字でござるな」

と首をふったが、

「おや？　これは何ぢゃ」と、疑惑の目が光った。地形測量のテキストだった。が、文字が読めないので、まもなく興味を失ったようだった。が、万次郎が所持していた本は、当時の日本にとって、最も必要な造船術や航海術などに関するものばかりだった。つぎは、万次郎の測量器具に役人たちの興味が移った。ことに、望遠鏡をのぞいたときは、まったくびっくりしていた。

小川正之進という役人は、人のよさそうな人物だった。

「万次郎とやら、お前たち、無分別なことをしてはいけないぞ。左十郎という仙台の漁夫がロシヤから送られてきて、取調べをおそれて自殺をしたことがある。もちろん、これは薩摩での話ではないがのう。薩摩の殿様は、お前たちを、きっと手厚く遇するであろう。決して心配は要らぬ」

小川正之進は、考えるところがあった。

藩主、斉彬公は、当時、日本で右に出る者なしと見られた傑物で、諸侯の中で、最も海外の知識に明るく、鎖国の暗夜に一条の灯火をかかげる存在だった。小川は「幸先がよい。アメリカの文明を身につけた万次郎なる者を、鹿児島に送ったら、斉彬公がどんなにお喜びになることか」と思ったのである。薩摩の役人たちは、万次郎がカリフォルニアから持ってきた砂金には手をつけようとせず、かえって各人へ二両ずつ金をあたえ、「何か不自由なことがあれば、遠慮なく申し出よ」と言った。

伝蔵がおそるおそる小川正之進にたずねた。

「あのう、江戸におられるという公方様は、やはり、もとのお方でございましょうか?」

「将軍のことか」

「はい」

「お前たちは知るまいが、やがて京都におられる天子様の世の中になるぞ。ハハハ」

伝蔵はびっくりした。自分たちが外国にいた間に、日本の国もすっかり変ってしまったのかな、と思った。

彼等は、二人の薩摩役人と三人の琉球役人の監視下におかれたが、待遇は申し分なかった。食事は政府持ちで、地頭代が毎食豚肉、鶏肉、魚、卵、泡盛などで饗応した。泡盛を、三人は〝琉球ウィスキー〟と呼んでよろこんで飲んだ。

一月十七日、琉球在番奉行、島津久包が、直接、翁長村にきて取調べ、その他役人は、摩文仁間切小渡浜に格庫されていたボートを検分することになった。このとき、薩摩の在番奉行は、はじめて琉球の通事板良敷親雲上朝忠をつれてきた。板良敷は、那覇にいる宣教師から英語を習っていた。

漂流者が、天保十二年に土佐沖で遭難し、ハワイやアメリカで過ごしたのち、琉球に上陸するまでの経過は、前の取調べによる報告で承知していたので、奉行の質問は、もっぱら国際情勢や、西洋文明に関するものであった。奉行は、本国への報告をなるべく気の利いたものにしたかった。この奉行との応答で、万次郎が意外にもひろい見識をもつ有用な人物であることがわかった。

奉行と万次郎の一問一答は、右筆野元一郎が忠実に筆記した。おおむね次のようなものである。

「近々、十四、五年の間に、異国船が日本や琉球近海に、しげしげやってくるようになったが、そのことについて、其方はどう思うか」

「はい。多分、その大方は、捕鯨船だろうと思います。日本近海にも鯨がいることが知られてきたのです。しかし、最近は鯨が北海に移動したため、カムチャッカあたりまで出かけるようになりました」

「鯨を獲る目的は？」

「はい。ヨーロッパ州、アメリカ州では、種子油はなくて、鯨油を用いて灯をともします。また、蝋などを、それから作ります」

「鯨はどうして獲るのか」

「捕鯨船に、小さいボートを四、五艘のせてあります。ボート一艘にモリが十四、五本。モリには、六十尋《ひろ》ばかりの縄がついています。鯨を発見したら、風向きをみてボートと捕鯨船ではさみ、いくつもモリを立てて獲ります。この鯨とりは、非常に利潤のある仕事でありまして、外国では、日本の近海で鯨がとれるので、日本と通商を開きたがっておりまみす。そのために、日本の漂流漁民をていねいに送り返してやるのだとおもわれます」

「ふむ。なるほど」

「日本国は、外国と通商をしない国柄ですが、外国船が薪水などを求めるときは、望み次第、いくらでも補給してくれる。争いを仕掛けてくることはない。だが、薪水や食物を補給してくれた謝礼をやろうとしても、受取らぬというのは理解できぬと、アメリカの船員が、十中八九はそう言って、こわがっております。こういうことは、長続きするものではありません。

いまから十二年ほど前、天保十一年に当りますか、アメリカの捕鯨船が、日本の遭難漁夫五、六人を救助して、松前に送りとどけましたところ、漂流民を受け取るのに、役人がなかなかうるさく、横目らしい方が、多勢ひきつれてきて船に乗込み、乗組員をことごとく縛りつけ、『早々に此処を立ち去らないと、この脇差で首を斬るぞ』と手真似でおどしたようであります。日本は恐ろしい所だと、アメリカの船員たちは語っておりました。そういうことが度々おきますと、戦争になります」

「アメリカと戦争になるというのか」

「戦争になれば、イギリスも出兵するだろうといううわさです。イギリス国は、前から日本と通商したがっており、ここ二か年以内に江戸にきて、その交渉をやるだろうとの風聞であります」

「その風聞というのは、信用できるか」

奉行の目がキラリと光った。

「漂流人どもが異国で聞いてきたということで、確かなことはわかりません。あるいは虚説かともおもわれます」

「イギリスは小さな国と聞いておるが……」

「はい。それでも人間がかしこくて、いろいろのものを発明し、戦争も強いそうであります。それで、どしどし世界中に国をひろめております」

「外国の軍艦は、船のどの部分に火薬庫があるか」

「はい、中帆柱と艫帆柱との間に土蔵のように作ってあり、その中に、桶を二重にして火薬を入れております。そこには、掛役の者が昼夜、詰切りで監視しており、大将でも、その中には簡単に入れない規則になっていると聞いています。そのほか舵取は舵取、帆前は帆前、軍兵は軍兵と、おのおの持ち場がございまして、他人の持ち場には一切、くちばしを入れない仕組みであります」

「すると、外国の軍艦を砲撃するときは、第一帆柱の近くの火薬格護所を狙えばよいのだナ」

「左様であります」

「お前たちが船を出したというオアフ島は、どこの領土か」

「先年、アメリカの軍艦がオアフ国を攻めて平定しましたが、まだオアフ国にはカメハメハという王様がおります。この国は、日用の衣服や金銀に乏しく、すべてアメリカから運送している始末です。さいきん、オアフ国にフランスの軍艦五艘が攻めて来たことがありますが、アメリカから物言いが出て、ホノルルの台場を破壊しただけで立ち去りました」

「五、六年前から、琉球にもフランス人が滞在しておるが、知っておるか」

「存じませぬ。ただオアフ国で聞いた噂では、琉球にはオランダ人が妻子をつれて住んでおる者がいるとのこと、耳にしておりますが……」

「それは、ベッテルハイムというイギリス人じゃ。この男が琉球に滞留しているわけを、そちは、いかが推察するか」

「どういう仕事をしておる者ですか」

「べつに仕事というてもないようぢゃ」

「それでは、本国の政府の命令で、琉球で日本の文字や言葉を学び、またこちらの人たちにはイギリスのことを教え、だんだん情意を通ずるようにするためで、イギリスは、日本国と通商を結びたい所存かと考えられます」

「アメリカは、領地をひろめる野心を持たぬのか」

「アメリカはとてつもない大きな国でございます。支那のような大陸でして、領土を増やそうということは考えていないようです。

ただ、九州地方に貯炭所を設置する希望を持っているように聞き及びました。アメリカから漢土のホンコーンやシャンハイ等へ通商のみぎり、日本の九州海上を通帆いたしますので、何とか、出先の島の一部をわずかでももらいうけて人を駐留させ、石炭を貯えおき、火輪船が漢土へ自由に航海ができるようにしたいし、また、通商も開きたいとの意向のようです。キャレホルニアには出張所を構えて、東洋との航海をさかんにしようということで、土地をむさぼる風はありません」

「アメリカは戦《いくさ》も強いのか」

「アメリカは世界の強国でございます。北アメリカ、イギリス、フランスという順序かとおもいます。ただ、イギリスなど、ロシヤを少々おそれているということです。三年前、同じ北アメリカの中で、メキシコ国とニューヨーク国が戦争いたし、メキシコが降参致しました。また先年は、イギリスと戦争あり、またアメリカが打勝ちました」

「アメリカの都城は何という所か」

「ニューヨークと申し、そこで政事をなし、そこから軍卒も出てゆきます。私がいたニュー・ベッドフォードからは三十里位です。大きな川を湊にし、川の真中には三階作りの大船を繋ぎ、石火矢（大砲）数十挺をのせて防禦の備えをなし、川口の両側は砲台が十二か所あって、巣口（口経）が三尺位、長さ三、四間もある石火矢を備えている所もあるそうです。」

「誰が国を治めているのか」

「プレジデンという人です。その人は、四年毎に交代します。国民がみんなで入札して選ぶのです。皇帝や国王はいません。子孫が相続いてプレジデンになるということもありません。国中で一等器量のある人を選んで、プレジデンにするのです」

「万次郎、そちが所持しておる金塊について説明いたせ」

「はい。これはキャレホルニアから持参したものです。四年ほど前、キャレホルニアという所に二五里四方ほどの大きな金山が発見されて、世界中から人が集まって、最近は大方、掘り尽したといわれています。金山のため、キャレホルニアは繁華の地となりましたが、風俗は甚だ悪く、盗賊防止のため、たいてい懐中には鉄砲をかくし持っております」

「アメリカには弓矢はないのか」

「弓なども、まれには見かけることがありますが、専ら小児の玩物に致しており、戦さには全く不用と聞いております」

「馬匹はどうか」

「北アメリカの馬は、高さがふつう九尺ばかりで、よく走ります。ホースといって、形は、日本の馬と変りません」

「地球の南北、どのていどまで、船で航行できるか」

「南極、北極とも、七十五度までは行けるが、それから先は氷海で通行ができないと聞いています」

「西洋の帆船は走行中、俄かに停止することができるそうじゃが、どういう仕掛けがあるのか」

「帆桁というて、左右に自由に廻るように仕掛けてございまして、それには、たくさん引縄がかかっております。その縄を引いて帆桁を一方へ廻し、風をもらし、また裏帆というのもあって、これら帆桁をいろいろあやつって、船を停めるのでございます。アメリカやヨーロッパなどでも、もとは、日本船のようなものを使っておりましたそうで、コロンバスと申す者がアメリカを開いた時分から、船作りに段々工夫がほどこされ、次第に人間が利口になり、さまざまの船をこしらえて、世界を自在に乗廻すようになったと承っております」

奉行島津久包は、万次郎の知識が意外に広いのに、心の中では驚いていた。異国人態の漂流者とのみ思っていたが、これは、薩摩のため、いや、日本の将来のためにも役に立つ人物で、思わぬ拾いものをしたと喜んだ。なるべく詳細に聞きただし、国許への報告書も完璧にしようとの意図から、尋問は、深夜まで及んだ。

そのほか、オアフ島から琉球までの航程、英国と長崎間、琉球と香港間、カリフォルニアとオアフ島間の距離、万次郎が所持する測量器具の価額や鉄砲の入手方法、日米度量衡の比較などについても、いろいろ尋ねている。質問も大方尽きたころ、暫く沈黙したあと、奉行は思い出したように、

「アメリカは、日本についてどのていどの知識を持っているか。また日本をどう思っているか」

ときいた。

「私の聞き及んだ限りでは、江戸のことを知っておる人はかなりいました。世界の大都会は、イギリスのランダン、唐の北京、日本の江戸などと言っておりました」

「そうか。ふむ」

「それから、日本人についてはあまりよく知られていませんが、日本の近海で難破した捕鯨船の船員の話では、あまり好感を持たれていないようです。それは、鎖国という国柄のせいかと思われます」

そこまで万次郎が言いかけたとき、伝蔵は驚いて、万次郎に小声で注意した。

「これ万次郎ぬし。御制度のことをとやかく言うもんでない」

これを耳にしたらしく、島津久包はこういった。

「何も遠慮は要らん。思った通りを申せ。日本は、いつまでも鎖国の状態を続けるわけには参らんのじゃ」

万次郎は、話を続けた。

「たとえば、こんな話がございます。三年ほど前、アメリカの鯨取船が強風に会い、港に避難して、船員たちが日本の陸地に上ったところ、甲冑で美々しく軍装束をした日本人が二百人余りやってきました。そのうちの一人が刀をぬき、浜辺に莚をしいて、そこに座れと命じ、何国の者で、何の用事で来たかと聞きます。船頭は絵図を出し、アメリカ人だということを説明しました。二百名余りの日本人は、三行に列座していました。日本人は、食物を差し出し、これを食べたら直ちに退去するかとききます。順風を待って出帆したいというと、日本人は風には構わず、早々に出帆いたせ、と言ったそうです。船員たちは、非常に疲れているから休ませてくれと言って、莚の上で寝ていました。そのうちに、米三俵、酒樽一挺、米の餅、漬物などを持ってきてくれました。しきりに退去を命ずるので、風はまだよくなかったが、とうとう無理に出帆したということであります」

「それは、どこの港での出来事か」

「その地方の名は、知りません。ただ、日本人は刀をぬいて脅すかと思うと、食料をただでくれる。親切なのか、どうなのか、どうも、その気持ちがはかりがたいが、われわれアメリカ人に敵意を持っている様子である事はまちがいない、と申しておりました」

「よし、わかった。これからも、いろいろ取調べがあると思うが、すべて正直に答えよ。では、最後にきくが……お前たち三人の者の宗旨を言ってみよ」

在番奉行は、にわかに威儀を正した。すると、三人の答えは同時だった。

「一向宗でございます」

「しかと、そうだな。外国に長く滞留していたそち共だが、ヤソ教やそのほか邪教に宗旨変えは致さなかったのだな」

「そんなことは決してございません」

そこで、取調べはおわり、あとで在番奉行島津久包は、同行の琉球高官鎖之側や日帳主取、それに大和横目などを顧みて、こう申し付けた。

「もし、この者共が、琉球には薩摩の役人がどの位おるかなどと聞くようなことがあったら、千人ほど詰めておると答えておくように。おわかりかな。この者共は、いずれ薩摩をへて、長崎に送致されるであろうが、長埼の役人に、そのことを聞かれたりした場合のことを考えた上でのことでござる」

那覇東町の薩摩御仮屋（在番奉行所）には、奉行以下二十数名の役人しかいなかったのである。だが見栄を張って、少ない人数から、足軽三人を翁長村に詰めさせ、出張の琉球役人と一緒に、万次郎らの監視に当らせている。万次郎たちには、琉球の政府から衣類、寝具、剃刀道具、手拭、煙草など生活に必要な品物がすべて支給された。

万次郎たち三人の漂流者が、豊見城間切翁長村に滞在したのは、一八五一年（嘉永四年）旧一月三日から七月十八日までの六か月だった。

薩摩は、在番奉行からの急使野元一郎の報告で、万次郎たちのことを知って、外国事情を知るため彼らを鹿児島に召還することにした。

七月十八日の夕方、万次郎たちは翁長村の親雲上の家を出た。アメリカから持ってきた荷物は、人夫にかつがせた。親雲上は村境まで一行を見送った。横目衆、附役衆、足軽五人がつきそい、琉官、鎖之側（外務長官）、日帳主取（同次官）、里主（那覇市長）、大和横目その他の役々も、途中で出迎えた。

万次郎たちが乗ってきたボートは、薩摩の官船、大聖丸の水夫二人が、琉球の船方十二人と一緒に摩文仁間切に行き、海上、目立たないように那覇港に廻航させ、誰にも見せないように、莚で包んで大聖丸に積載した。

ふつう、琉球に漂着した外国のボートは、あとで焼払うのが通例だったが、こんどの場合は薩摩の在番奉行所からの指示もあり、証拠品として鹿児島へ送ることになった。

万次郎たちが那覇に着いたとき、すでに暗くなっていたが、直ちに船に乗せられた。

このとき、琉球から摂政浦添王子、三司官（大臣）池城親方、座喜味親方、国吉親方の連名で、薩摩の小姓興香頭兼鑓奉行倉山作太夫に、次のような公文書を届けている。

「土佐人共所持道具品立帳一冊、右者共へ相渡候品物帳一冊、爰御覧差上申候、右之通先例等見合、諸事御在番奉行島津登殿御相談之上取計仕、此節右之船頭盛右衛門船より、其御地江差登申候、此旨御披露頼存候、以上」

護送警固役として、横目川上五右衛門、足軽白石仲左衛門、永田興左衛門、内藤直右衛門が、同乗した。

日本は摩文仁海岸で再び歴史的経験を

以上は、中浜万次郎が琉球に上陸して、琉球を去るまでの話を、主として薩摩側の記録を土台に述べたもので、従来の万次郎の物語のなかで欠落していた部分である。

中浜万次郎のその後のことは、ここで述べるまでもなく、よく知られている。彼は、アメリカ大陸の文明を知った最初の日本人であり、幕末鎖国の日本に西洋文明をつたえる生証人となった。

一八六〇年（安政七年）二月、日米通商条約取交わしのため、幕府が親善使節をアメリカに送ることになり、一行七十七人、正使新見豊前守、副使村垣淡路守、立会小栗豊後守らは米艦ポーハッタンで品川を、木村摂津守、勝麟太郎ら九十名は幕府の軍艦咸臨丸で浦賀を出発した。

そのとき、万次郎は正式の通訳官に選ばれ、咸臨丸の航海指南役をかねて渡米したのである。

ふつう歴史は、ペリー来航を以て、日本開国の夜明けとしているが、ペリーが来る前に、アメリカに対する予備知識が万次郎によってもたらされたのであり、万次郎の帰国、つまり、彼が沖縄の摩文仁間切小渡浜に上陸したときが、徳川鎖国の夢がやぶれる最初のきっかけだったといわざるを得ない。

鎖国の闇をひきさく開国の曙光が、太平洋の水平線上に顔をのぞかせた事件を、ペリーの浦賀来航とすれば、万次郎の摩文仁上陸は、暁闇の鶏鳴にもたとえられようか。

アメリカ文明をもたらした最初の日本人、中浜万次郎が摩文仁の小渡浜に上陸した嘉永四年（一八五一年）から、九十四年後の、昭和二十年（一九四五年）六月二十三日、おなじ摩文仁の小渡に近い海岸洞窟内で、アメリカ軍に追いつめられた日本軍の牛島満司令官が割腹自決し、沖縄戦がおわった。

それは、日本が十五年にわたる昭和鎖国の夢からさめる象徴的な出来事であった。摩文仁の海岸で、日本は、鎖国の夢からさめるという歴史的経験を、二度もくりかえしたわけである。

Ⅳ　沖縄のこぼれ話

沖縄の青年飛行家

アメリカのライト兄弟が飛行機を発明し、その実験に成功したのは一九〇三年（明治三十六年）である。ライト兄弟の話をきいて、大空に夢をかけ、自分で飛行機を製作して飛ばしてみようと決意した沖縄の少年がいた。

佐敷村字新里出身の勢理客鍋である。彼は、佐敷尋常高等小学校高等科を卒業したあと、明治三十八年十二月、十六歳のとき、叔父の勢理客亀といっしょにハワイに渡った。ライト兄弟が飛行機を飛ばしてから二年後である。

ハワイに渡ると、マウイ島の砂糖キビ耕地で契約労働者として働くことになった。ハワイ移民史のなかで、もっとも暗い物語りで綴られている耕地の労働に耐えながら、勢理客鍋少年は、マウイ島のボルデングースクールの夜学に通った。三年で同校を卒業すると、こんどはホノルルに渡って、アメリカ人の家庭に学僕となって住み込み、勉強するかたわら、アメリカ本土から飛行機に関する書籍や雑誌をとりよせて一心不乱に研究した。そこで三年をすごしたあと、彼はホノルルをとび出し、こんどは県人の集まるワイパフにゆき、ふたたび耕地労働者となった。そして、わずかな賃金をためながら模型飛行機の製作にかかったのである。

大正四年になっていた。ハワイに渡ってから十年の月日が流れていた。勢理客青年は、二個の完全な模型飛行機をつくった。飛行テストの結果は、良好であった。

同郷の人たちは、はじめ勢理客さんの前途を危ぶんで忠告する者もいたが、やがて彼の決意の固さを知り、同胞の寄附もかなり集まるようになった。彼の名前は、同胞の間で、かなり知れ渡っていた。三千円の貯金と五千円の寄附があったが、本式の飛行機の製作には、さらに二千円ほどの費用が必要だったので、彼は、その調達にほん走し、そのメドがつくと、大正三年の七月ごろから「勢理客式単葉飛行機」の製作にとりかかった。そのころ、思いがけないチャンスが訪れた。大正三年の十一月二十三日、佐村という日本人飛行家がハワイで、飛行実験をすることになり、その噂がひろまった。勢理客青年（当時、二十五才）は、早速、佐村飛行家の一行に接近し、飛行技術や機体の研究を心がけた。彼は一行の渡辺又一と親しくなり、渡辺の作製したカーチス式飛行機に、自分の持っているエンジンをとりつけ、佐村の監督で機械の組立てを終り、牽引力をテストするため、飛行機を繋束し、渡辺が機上の人となり、勢理客鍋は、プロペラーを廻した。爆々たる音響とともにプロペラが威勢よくまわり出したときであった。勢理客は、牽引力の表示器を見ようとしてプロペラの下に頭を突っ込んだところ、突然、プロペラが破砕し、破片がとんで、彼は大地にたたきつけられ、左肩や後頭部に傷を負った。この椿事で大騒ぎとなり、勢理客青年は、ホノルルのクイン病院に入院して応急手当をうけた。奇蹟というか、致命的なケガではなく、傷状の経過もよく、十二月七日には退院することができた。当時、この事件は、ハワイの各新聞で報道され、勢理客青年は、一躍、有名になった。そのため、ハワイ在住の沖縄県人は、いささか肩身をひろくした。ハワイの新聞だけでなく、佐村飛行家も、勢理客を「有望な未来の青年飛行家」と評して、その前途に期待していた。彼は退院すると、早速、各新聞社を訪問して謝辞をのべたあと、「ナアニ、あれしきのことではへこたれませんよ。むしろよい経験になりました。いずれ全快したら、また、飛行機の製作にとりかかります。……」と豪語したという。

勢理客青年は、ワイパフに飛行機の製造工場を建て、ニューヨークから取りよせた材料を用いて、自身が考案した単葉飛行機の製作をやっていたのである。八分通り飛行機はできあがっていたが、まだ資金が足らなかった。

ところが、勢理客の入院中に思わぬ事件がもちあがっていた。例の佐村飛行士の航空ショウがホノルル当局から禁止されたのである。これは「邦人飛行禁止問題」として、ハワイ在住日本人の間でさわがれた。

それまで、ハワイでは三回、飛行実験がおこなわれた。最初は、明治四十四年、米人ゼー・シーマスがやり、その後、土井という日本人が試みたが、これは失敗におわった。つぎに、日布時事社の主催で、中国人飛行家譚根が、水上飛行機を真珠湾で飛ばして成功した。そして、大正三年十月十三日、さきにのべた佐村福槌（山口県出身）の一行が米本国からハワイにやってきた。佐村は、訓練と経験にとみ、飛行免状ももっていたので、かつての土井飛行士の失敗の汚名を、今度こそ返上できるものと邦人社会は大いに期待していた。当時、ホノルルにあった四つの邦字新聞が後援することになり、飛行に関する手続きをすまし、観覧の入場券も発売していた矢先、当時のホノルル知事ピンカムが、突然、この飛行機ショウを禁止したのである。

これは人種差別だと邦人社会はいきり立った。ホノルルの英字新聞「アドバタイザー」も、知事の処置を不当として非難した。

この事件の背景には、つぎのような事情もあった。そのころ、第一次世界大戦が始まったばかりで、ドイツの軍艦「ガイヤー号」がホノルル港内に逃げこんでいたが、その湾外では、日英同盟でドイツに宣戦布告していた日本の軍艦「肥前」が待機して、ドイツの軍艦を監視していた。こういう状況の中で、佐村らは日本の軍事スパイかもしれないというので、飛行が禁止されたともいわれている。アメリカは当時、中立の立場にあった。いずれにしても佐村らの飛行は実現しなかったが、この飛行禁止事件は、しかし、理由がはっきりしなかったために、後味のわるいものをのこした。

飛行機につかれた勢理客青年が、その後、どうなったかはわからない。飛行機製作のためにかなりの借金をもっていたことは事実のようだ。

彼が、大正四年四月三十日付で、郷里の佐敷村にいる実弟の徳さんにおくった書信の一節につぎのように書いてある。

（前略）私が現在、製作中の飛行機を思いつきましたのは、明治四十二年頃からで、飛行機の製造に取り掛かったのが、昨年（註、大正三年）の八月頃からで、それ以来は、他の仕事をやらずに、こればかりをやって居るのであります。多分、仕上げるのは来月の末頃であろうと思ひます。（中略）此度、自分の製作中なる飛行機の写真を送る積りであったけれども、間に合はなかったのですから、出来次第、直ぐに送ります……。云々

この手紙の日付からみると、勢理客鍋は、あの「飛行禁止事件」があったあとも、自作の飛行機製作に熱中していたようだ。

ブラジルのトバク王

少年「イッパチ」

笠戸丸が、最初の移民七八一名をのせてブラジルへ向ったのは明治四十一年であった。去年（一九七八年）は、皇太子、同妃をむかえて日系ブラジル移民の七〇周年記念が盛大におこなわれたが、七〇年前のこの笠戸丸に「イッパチ」とよばれてみんなから可愛がられていた十三歳の少年が乗っていた。すばしこくて快活なこの少年は船中でも一番の人気者であった。船の売店係りとなり、菓子や雑貨をいれた箱をぶらさげて、船室から船室へ移民たちのあいだを泳ぎまわっていた。そのときの掛声が面白かった。「イッパチ、イッパチ」といって売り歩くのである。はじめは誰も、その言葉の意味がのみこめなかった。だがそれは、「一発」という意味であるらしいことがあとでわかった。少年は「一発」を「イッパチ」と発音していたのである。彼の大好きな言葉だったらしく、なんにつけても「イッパチ」を連発していた。「イッパチで片づける」とか「イッパチで成功する」といった言葉に魅せられていた彼は、コツコツと積み上げてゆくというよりは、なんでも一挙に勝負をきめるという性格だったらしい。のちに彼は、日本人のあいだだけでなく、ブラジル全土で、その名を知らぬものはいないというほどの有名な男になった。

儀保蒲太、それが「イッパチ」少年の本名だった。彼は沖縄県南風原村津嘉山の出身で、家族とはなれ、叔父といっしょにブラジルに渡航したのである。

コーヒー園を逃げ出しトバク場へ

ブラジルに着くと、契約移民だったので、サンパウロ市に近いフロレスタ耕地というコーヒー園に配置されたが、耕地の労働は苛酷であったので、まもなく「イッパチ」は、そこを逃げ出してサンパウロ市に出た。住所不定の浮浪児になったが、「イッパチ」はすぐ仕事をみつけた。あるトバク場の走り使いである。トバク場は大金が湯水のように使われる。そこの従業員にはいろいろ余得があった。イッパチ少年には、その仕事が面白くてたまらなかった。彼はひとかどのトバク師になろうと決心した。そこで、いつも鏡にむかって、トランプさばきを練習していた。「自分の目でもごまかしが気付かないほどに上達しなければ……」というのが、その念願だった。トバクはイッパチ少年こと儀保蒲太の性格や才能にぴったりだった。彼はギャンブラーとして大成する生来の素質をもっていたのである。彼の腕はめきめき上達していった。後年ブラジルのトバク界で「名人イッパチ」とよばれるほどの花形的存在になる土台がきずかれつつあった。

トバク界の大親分の養子に

彼はトバク場でも、「イッパチ」の愛称で親しまれたが、彼の異常なトバクの才に目をつけたのが、サンパウロとばく界の大親分であった。ついにその親分はイッパチを養子として自分の家にひきとり、みっちり仕込んだ。それから十幾年の月日が流れた。もう沖縄移民の儀保蒲太ではなかった。彼は、サンパウロ賭博界の若旦那としてにらみをきかすようになった。笑いがとまらないほどもうかった。そして、やればやるほど「博才」はのびてゆく。周囲はその上達の早さに目を丸くし、彼自身は自分がトバクのために生まれてきた人間であることをつよく自覚するようになった。サンパウロの一流の賭博師たちもイッパチときくと、相手になることに尻ごみするほどになった。いや、バクチの天才として恐れられるようになった。その指先の芸は目にもとまらぬ早さで、どんなベテランでも見破ることができなかったといわれるが、彼を有名にしたのは、それだけではない。その度胸のよさが、博徒たちの度ぎもをぬいたのである。彼は、一回のバクチにびっくりするほどの大金をかける。たまにしくじることがあっても顔色ひとつ変えない。その神技はもちろんのこと、度胸の点でも彼に太刀打ちできるものはいなかった。

彼はブラジル名をガブリエル・シルバといった。ふだんは「ガブリエル・イッパチ」でとおっていた。文字通り彼の人生は「イッパチ」（一発）できずかれて行った。

トバクの武者修行

やがて、サンパウロでは相手になるものがいなくなってしまった。それではこの商売がなりたたない。彼は、そこで旅に出た。バクチの武者修行というわけだが、初めての土地で知らない相手をさがすためだった。リオ・デ・ジャネイロ市から以北の町という町をつぎつぎと訪れ、賭場破りをやるが、どこでもその博才ぶりがきわだって、相手をする者がいなくなる。ミナス州ベロ・オリゾンテをへて、南はリオ・グランデ・ド・スール州の各市の賭場に姿をあらわした。

彼の身辺にはつねに何人かの子分がついていた。また、湯水のように金を使うので、行くさきざきで、いつも色恋沙汰がたえなかった。彼がミナス州のベロ・オリゾンテ市に足をふみいれたときのこと、ふところには一文もなかったが、市内一流のホテルに高級車を横づけ、最上級の二間続きの部屋に案内させた。りゅうとした服をきちんと着こみ、悠々とした態度なので、ホテルのボーイ達は日本の富豪か一流外交官とでも思ったのか、鄭重に応待した。夜になると、イッパチことガブリエル・シルバは、散歩の態をよそってホテルを出る。そして、その町の一流の大賭博場に顔を出すのである。一晩のうちに大金をまきあげてホテルにひきあげてくる。

翌朝になると、ホテルのボーイたちを呼んで、莫大なチップをポンポンおしげもなくはずんだ。つぎの夜は、別の賭場に顔を出す。こうして数か所の賭場を渡り歩いて、どんどん金を巻きあげるが、そのうちに、あれはサンパウロのガブリエル・シルバだ、ということが知れわたってしまう。「バクチの神様」というわけで、だれひとり、相手になる者がいなくなる。どこへ行っても、こういった調子だった。そこで彼は、アマゾン奥地マット・グロッソに行き、そこに身をかくした。マット・グロッソ州のカンポ・グランデ市で、彼は賭博場を経営するようになった。もちろん、サンパウロからきたガブリエル・シルバであることは秘密にしていた。

政治家や軍人にも顔きかす

カンポ・グランデは、当時新開の町で軍人町になっていた。彼（イッパチ）の賭博場は、カンポ・グランデ師団勤務の高級将校たちの溜り場になった。田舎町の生活に退屈して、彼の賭場に出入りする将校たちにとって、彼は愉快な遊び相手となった。

たまには、将校たちに望まれて賭博の相手になってやるが、二回は負けて、三回目にみんな取り戻し、相手も自分も傷まないようにするので、将校たちは不思議におもった。あとで、カマダ・ギボが、実はガブリエル・シルバ・イッパチであることがわかり、みんな非常に驚いたということである。

ある日、社交場でカンポ・グランデ市政界の大物二人が政治の話から大激論となり、果てはピストルを持って立ち廻るという騒ぎがあった。そのとき、イッパチはすかさず二人の間に割ってはいり、その仲裁で騒ぎがおさまったという話がある。

このときのイッパチの機敏な動作と度胸が、いつしかカンポ・グランデの町では神話みたようになった。サンパウロをふり出しに、ブラジル各地の賭場を荒らしまわって歩いたイッパチにとって、それくらいのことは何でもないことだった。

師団の将校連中と懇意になり、また市政界の大物連中にも多くの知己をつくったイッパチは、一躍カンポ・グランデのヒーローとなった。彼はブラジルで一流中の一流博徒であるから、その子分も多く、昼となく夜となく、その身辺には護衛がついていた。イッパチが道をゆくときは、かならず彼の前後を何人かの子分がそれとなく守っていた。また賭場の中では、子分達も客にまじってバクチを打ちながら親分イッパチから目をはなさず、イッパチがちょっと目で合図すれば子分がみな集まってくる。

ある日、イッパチの賭博場にはじめて顔をみせたパラグヮイ人が、インチキをやろうとして、イッパチにすぐ見破られた。イッパチは、「外に出ろッ」と怒鳴った。するとパラグヮイ人は「何おッ」と、腰のピストルに手をかけた瞬間、パッと集ったイッパチの子分達のピストルが、そのパラグヮイ人をとりかこんでいた。

日本人「イッパチ」

イッパチは、賭場にいるときだけは、まったく別人のようになる。眼光が鋭く気性が荒々しくなり、人を寄せつけない気迫がみなぎる。だが、ふだんは笠戸丸で愛嬌をふりまいていた移民の少年、儀保蒲太の昔の姿にかえる。ユーモラスで世話ずきでもある。

彼は、日本人が彼の賭場にあらわれると「ここは君等の来る所ではない」といって、ぜったいに入れなかったという。

ブラジル人相手のこの商売は、自分ひとりでたくさんだという気持ちがあったらしい。オルガというブラジル婦人と結婚していた彼は一般の日本人移民社会とは隔絶して生きていた。日本人で、彼の動静をくわしく知っているのはいなかった。ただ、ブラジル人のあいだでも有名な男なので、その噂はいろいろ尾ヒレがついて日本人社会にも流されていた。

「君はなぜ、そんなに有名になるほどバクチが上手になったのか」と、ある日本人がきいたとき、彼は、

「私にもわからない。知っているのは私の指先だけだ」と答えたという。

「私の技術は公開しないことにしている。しかし、君はバクチをやる人ではなさそうだから見せてやろう」と、トランプを出して、その妙技を見せたそうで、奇術師もおよばぬ、その神技は天才としかおもえなかったそうである。

そのころ、ブラジル駐在の田村大使が、ノロエステ地方の視察にやってきて、カンポ・グランデに一泊したことがある。そのとき豊富発揚という人が、イッパチを田村大使に紹介した。田村大使は、これが有名な賭博師かと思いながら、ひとつあなたの妙技をみせてくれとたのんだ。イッパチはカルタを取り出し、千変万化の妙技を見せたらしいが、長い間日本語を使わなかったイッパチは、敬語など忘れてしまったらしく、大使に「君、君」といいながら話していたという。

ブラジルの賭博王として夜の世界に君臨していたイッパチ儀保蒲太は、昭和十年四〇歳で死んだらしい。

ブラジル最初の移民として、笠戸丸の船客となったかってのイッパチ少年は、その持前の侠気と賭博の才で闊歩したブラジルでの二十数年の裏街道の人生を閉じたのである。殺されたという説もあって、彼の周辺には、つねに霧のような謎が立ちこめていた。

那覇のツナ引き

子供のツナ引き騒ぎが発端

ツナ引き行事は、明治のころまでは間切や村の単位で、どこでもおこなわれていたらしい。その行事も、かならずしも「恒例」といったものだけではなく、なにかのきっかけで「じゃあ、引こう」ということになることがあったようだ。明治三十一年七月十八日の那覇の「西東のツナ引き」は、子供だけのツナ引き騒ぎから端を発して、那覇四町の行事にエスカレートした。

そのときの行列順序は、西村は炬《こう》、金鼓隊（青赤色の小旗に西の字を書いたのに灯籠を吊ったのを数流もっている）を先頭にし、それに棒持隊（筒袖の軽衣に白の向こう鉢巻をしている、四十歳以下）がつづき、そのあとに又、棒持、炬火（たいまつ）、それに銅鑼《どら》、それから一番旗頭（巾二尺、長さ三尺または四尺、黒べりの白旗に凱歌《がいか》の二字を墨書した八卦《はっけ》形）、その左右には石砲持、蝋持、棒持などが並び、そのつぎに太鼓隊と鉦子《しょうこ》打棒持などがつづく。そしてそのあとに二番旗頭（稲穂形の大燈に「奮神武」の三字を大書した長方形）がくる。この旗のあとに半鼓打、鉦子打の一隊がつづく。

東村の行列順序も大同小異で、東村の一番旗頭はススキ形、二番旗頭は旭日形の大灯である。西村の一番加勢（主力援軍）は西若狭町、二番加勢は泉崎、三番加勢は譜嘉地、四番加勢は久米西武門で、東村の一番加勢は湧田、二番加勢は東若狭町、三番加勢は久茂地、四番加勢は久米大門である。

久米は廃藩以来、那覇のツナ引きではどこの味方にも加わらない方針であったが、はじめてそれぞれ西村と東村にわかれて援軍を出した。ようやく地域の行事に加わる心のゆとりができた前兆とみられた。

辻遊郭は従来、上村渠《ういんだかり》、前村渠《めぇんだかり》とも一団となって西村についたが、こんどは意見が衝突して西村と東村の両方にわかれた。渡地《わたんじ》遊郭はもともと東村の加勢であった。ツナ引き場は通堂《とうんどう》大通。騎馬警官や憲兵まで出るといった雑鬧。近くには病院の出張所（通称、野戦病院）もおかれた。夜の行列は、旗頭や炬に火を点ずるので栈敷幾百の燈火と映じてははなやかな光景となる。西村の仕度は源義経、東村の仕度は平教経、といったところはヤマト世の香いがする。

このツナ引きは西村の勝となるが、そのことで悶着が生じた。西村が勝ったのは不正に添縄をしたからだというわけで、空気が不穏になりその夜は警官隊がとり静めたが、翌日、東村は人数を呼び集め、金太鼓《ちんでーく》をたたき、棒をもち旗をおしたて険悪になったが、警官の調停で事なきをえた。

その直後、首里の綾門大綱《あやじょううーんな》の企てがなされ、当蔵の美里邸に本部をおき、期日は旧六月二十三日ときまった。首里十五か村を二分、儀保、当蔵、赤平、久場川、汀志良次《てしらじ》、赤田、崎山、鳥小堀《とぅんじゅむい》の八か村と、山川、大中《うふちゅん》、桃原、真和志、町端、金城、寒水川《すんかー》の七か村とが対抗することになった。士族は十七歳以上五十歳以下、平民は十五歳以上六十歳以下の男子すべてが行事に加わることになった。

廃藩以来の沈滞をフキ飛ばす

尚泰王の冊封使をむかえたときにツナ引き行事があってからこのかた、たえていた行事なのでなるべく古式を再現しようとの試みだった。明治三十一年八月十日、綾門大通でもよおされることになった。この大ツナ引きには那覇区の泊も加勢することになった。泊はかつて首里区の一部であったという因縁からである。ワラは双方とも一万四千束、一方は平良馬場、他は識名馬場を縄打整場とした。王朝時代、この綾門大綱は一世一代の行事だったが、その再現をはかったのも、去る七月の那覇の綱引きが導火線になったようだが、その那覇の綱引きは子供の遊びがきっかけだったとすれば、廃藩以来の沈滞した空気を、勇壮な綱引き行事で一挙にふきとばしたいという気運がかもされていたのだろう。

当日は快晴、首里と那覇間の車賃（人力車）は平常の片道六銭が十五銭から二十銭にはね上がった。

綾門大通の両側は桟敷がつくられ、その桟敷の見物客の大半は女性で、男はほとんど綱引きに加わることになっていた。

午後二時、まず泊の加勢が金鼓を打ち鳴らして中山門に進んできた。「とまり」と書いた小旗二流をたて、十二、三歳の少年数十人が勇ましい装束でつづき、その左右に国旗二流を飜し、そのあとに「とまり」と書いた岐阜提灯を青い竹竿につるしたもの一対、それに青色の長旗と白色の長旗各一対、それから美しい「キリントウ」の旗頭、それにも「とまり」の三字、その警護は白襦袢に紺の股引、黒布のうしろ鉢巻したもの十余名、これにつづいて金鼓隊数十名、太鼓打ちは白襦袢に袴（青色地に紺の細緯縞）をはき白手掛のうしろ鉢巻をなし、鉦子打は十五、六歳の少年で太鼓打と同じコスチュームだが、紫色の長布でうしろ鉢巻をして両端を背後に長くたらして可憐な風彩である。炬火持数十名は、短褐に白手掛の頬被り、この泊の加勢は西村の屯所に休けいするが、その勇姿が衆目をひいた。

東村は儀保を第一列。当蔵を第二列。赤平、久場川を第三列。汀志良次、以下三か村を第四列。西村は大中、桃原を第一列。山川を第二列。金城、寒水川を第三列。真和志、町端を第四列とした。

東西は各列毎に旗頭があり、第一列の旗頭が一方の指揮旗（大将旗）となる。行列のコースは、東村がその総屯集所の大美御殿から中山門に向かい、中山門前を右に真壁殿内小路にはいり、金武邸宅前を右に「ミーガー」をへて、首里市場を通り上石門から綾門に出て総屯集所に帰着。西村は、その総屯集所である首里中学を出発、東に向かって進み天界寺前を左に上石門に入り、首里市場、新川をへて真壁殿内小路をまわり、中山門に出て総屯集所に帰る予定だったが、東村の第一列の儀保が急に予定を変更したため、双方のコースはメチャクチャになった。時の勢におし流されたという恰好である。

泊ははじめ両方にわかれて加勢するつもりだったが、急に総勢あげて西村に味方することになった。

ツナ引きの旗頭は那覇、首里ともヤマトユーに取材

東村の第一列の儀保勢は太鼓隊二十名ばかりが角袖白地の短衣に白布の帯をしめ、白手掛のうしろ鉢巻で服装を統一、鉦子打も同様の装束に紫色のうしろ鉢巻、旗頭の警護人は七、八名、白衣の軽装、黒沙で頭をぐるぐるまき、そのほかに老壮の躍起隊数百名、いずれも白衣の軽装に白手掛のうしろ鉢巻、小児隊数十名はみな白装束。双方各列の装束もこ

れと大同小異である。旗頭は、東村の一番旗は儀保勢のかかげる「軍配扇形の燈籠」で、その左側には金色金柄の采配を斜にさし、右側に弓と矢を斜にさして飾とし、旗頭の竿の周囲には、濃水色に四菱の紋を白く染めぬいた周囲三尋、長さ八尺ばかりの「ほろ」をたれ、その内部には、無数の小提灯を数珠つなぎにして竿にかけたのがいれてある。これは源平合戦で熊谷直実《くまがいなおざね》が用いた装飾だとのことで、ツナ引きの旗頭は、那覇も首里も「日本歴史」に取材した大和世調であった。

ただ、西村の一番旗（羽扇形の大燈籠）はもと桃原特有の旗頭で、その形状は古雅美麗とされた。羽扇は、諸葛孔明が軍を指揮したときに用いたとされ、これは中国風で、旗頭には「万古一羽」と大書されていた。東村二番旗は当蔵の旗頭で、久葉扇を二ツ背合せ形にした燈籠、三番旗頭は赤平、久場川の八卦に亀を描いた燈籠、四番旗頭は汀志良次、赤田、崎山、鳥小堀の「芙蓉花形の燈籠」。西村の二番旗頭は金城、寒水川の「二ツ巴の紋を画いた陣大鼓形の燈籠に采配と弓矢を左右にかざした旗竿に『いろは』の一字づつを書いた弓張提灯数個をぶらさげたもの」。三番旗頭は真和志、町端の「水仙形の燈籠」。四番旗は山川の「女持の沙団扇形の燈籠」でその旗には「漢宮紈奇」と書した優美なものである。双方とも躍起団というのがあって、相手方の軍勢に突っ込む。ことに那覇、泊の躍起団の挙動が注目された。

夜の九時にツナ引きは始まった。東村の支度は「中山の忠臣・鬼大城」。西村の支度は「阿麻和利」。けっきょく西村の勝利におわる。東村のツナが切れたのである。「綱は負けても躍起は負けじ」と東村はさかんに気勢をあげる。

このとき、奈良原知事は「沖縄の国のちからを表わして、ひく大綱のいさましきかな」と歌っている。西村の一番旗「万古一羽の羽扇」は奈良原知事が所望して、あとで知事官舎に飾ることになったようだ。このときは、つづけて二度ツナを引いているが、二回目の仕度は西村が白虎隊に扮し、東村が官軍の装束、こんどは東村の勝ちとなった。このとき綾門大綱とは別に首里の頑固党が、頑固党だけの綱引きをやったというのも時代相の一端をのぞかせる。頑固党は断髪組のツナ引きに加わるのをいさぎよしとしなかったようだ。

まもなく那覇の久米村がツナ引きを計画した。期日は旧暦七月二十五日（新暦・九月十日）、これには那覇四町が加勢を出すことになった。場所は久米大通。久米の大門と西門にわかれておこなわれたが、双方の行列の先頭に中国の三国時代の武器（鎗、長刀などや中国風の旗（長竿に黒白青赤桃色の三角旗）十流をなびかせ、十二、三歳の若衆たちが、絹布で美しく着飾った。仕度も関羽や張飛の衣裳に龍と雲を金縫した緞子を用い、金鼓隊など結髪者が多かったことなどが特色だった。衣裳に当時としては目を見張るような金をかけたようだ。

明治三十三年七月、辻町の青年たちがツナ引きを計画したが、不景気でとてもそんな出費はできないと「盛前（むいめー）」から反対されて計画が流れたことがある。那覇のツナ引きの「綱引口説」というのもあるが、長くなるので省略する。同年八月、那覇の西村だけでツナをひいているが、そのときのツナは近在からワラを買い集め、その太さは八棒（一棒は八尺廻りで、これを八つ合せたもの）で、長さは三十間ぐらいで、約四尺おきに六寸廻りで一間半の手綱をつけ、女ヅナ男ヅナとも太さ長さはすべておなじで、一方のツナに六、七百人がかかったといわれる。

首里の桃原では、平民だけでツナを引いて「百姓ヅナ」といわれた。明治三十四年八月十日のことで、これら平民は黒頑派で、これには黒頑派の士族も黙視できないとして旗頭をつくって寄附しているが、平民の頑固党というのもかなりいたようである。

爬龍船競漕（ハーリー）

クリ舟六艘に畳をしき錨のかわりに泡盛一斗びん

昔は旧五月四日は、那覇、糸満、大嶺の三か所で爬龍船（ハーリー）の競漕をしたが、廃藩置県のあとは、那覇だけは取り止めとなり、ただ「ユッカヌヒー」の玩具品を販売して、わずかに旧習をのこしていた。それで旧五月四日になると、那覇の人たちは昔を思い出して、糸満や大嶺のハーリー見物に、朝早くから出かける者が多かった。

明治三十一年、旧五月四日の糸満のハーリーは、新島、中村、西島にわかれて、午前八時ごろから漕ぎ始めたが、競争が始まったのは正午十二時ごろで、半里ばかりの沖合にこぎ出すと、新島、中村、西島の十七、八才から五、六十才までの婦女が海にはいり、なかには、首の近くまで海水につかって踊り、歌うものもあった。このときは中村が勝ったが競漕がすむと、女たちは陸に上がり、各自の島（村）で宴会を開き、三味線や太鼓で陽気に遊び騒ぎ、見物人の女までひっぱり出して踊らすという調子だが、男性の老若も加わって宴会気分をもりあげた。見物人は、陸上のクリ舟六艘ばかりをつないで、その上に畳をしき、錨のかわりに泡盛一斗びんを舟ばたにつるし、糸満の婦女やハーリーの乗組員たちに酒をすすめていた。

明治三十四年六月二十一日の琉球新報の社説に「爬龍船を再興せよ」というのが出ている。廃藩置県以来とりやめられていた那覇のハーリーを再興しようとの気運が出たのも、日清戦争後の気分一新によるもので、明治十一年ごろから首里、那覇でツナ引きが復活したことに刺戟された面もあろう。社説は、ハーリーの再興で共同精神を説いているが、「往時は五月四日に興行されたけれども、今後、これを再興するとせば、気候よりいふも日柄よりいふも天長節の日に興行すること」がよいだろうなどとあるところなどは、時世を反映している。明治三十五年の旧五月四日は糸満（兼城間切）、大嶺村（小禄間切）、奥武村（玉城間切）、港小屋取（具志頭間切）の各地でハーリー競漕がおこなわれている。元来、爬龍船競漕は那覇の名物行事でツナ引きとともに勇壮をほこったもので、明治三十五年、那覇区の有志が集って、爬龍船再興を論じたが、まだ実行のはこびに至らなかったのが、明治三十七年になって、ようやくハーリー再興の機が熟してきた。日露戦争の戦況がはなばなしくつたえられ、その戦勝気分の祝賀行事としてハーリーを再興することになり、爬龍船の建造に着手した。明治三十六年六月十六日（旧五月三日）と同十七日（旧五月四日）の両日、いよいよ那覇のハーリーがもよおされることになり、その余興として十六日の晩には花火十二発、十七日は昼三十発夜十八発を打ちあげ、十六日は午後三時から準備競漕、十七日は午前七時から本競漕を開始し、本競漕がおわったあと中学校生徒による競漕があった。那覇のハーリーは、じつに二十七年ぶりのもよおしで、那覇や首里だけでなく地方からも見物客が押しよせた。

わずか五寸の差で那覇の勝利

琉球新報では、もしハーリーの当日、戦勝ニュースがはいってきたら、号外は出さずに新報社が別仕立ての船を出し、それに国旗をかかげて、戦勝を一般に報知しようという気配りをしていた。当時は旅順港がいつ陥落するか、国民が首を長くして待っていたときであり、ハーリーの当日、六月十七日（旧五月四日）には、ロシヤのウラジオ艦隊が日本海に現われたというニュースが紙上でつたえられていた。十七日の本競漕の出発点は、北明治橋の東、すなわち硫黄城の前で、決勝点は南明治橋の東、すなわち落平（ウティンダ）の前ときまった。競漕のコースは、出発点から仲島の前から坪川（壷川）の先を通り、ガーナー森の東に出て、そこでおり返して落平の前に向う、その距離約二千メートルである。泊のハーリー船は、朝の六時半ごろ泊橋を発し、崇元寺橋の下を通って前島の川筋にはいり、さらに新橋をくぐって久茂地川をくだり松田橋をへて、那覇や久米のハーリーに合流した。泊、那覇、久米の三村のハーリーは午前七時ごろまでに勢ぞろいをし、九時をすぎてから競漕がおこなわれる予定であった。

なにしろ廃藩置県で中断していた那覇のハーリーが古式にならって再現されるというので久米島など離島からも見物客が集まってきた。十六日の準備競漕は、予行演習のようなもので、漕手その他の乗員も別に装束をなさず、ふだんの仕事着のまま出たが、なにぶん、こういう行事にうえていた民衆で雑踏し、明治橋附近は見物客をのせた伝馬船四、五十艘がひしめき、渡地（ワタンジ）前の浜、落平（ウティンダ）の上、奥武山あたりは黒山の人垣をつくった。前景気もこの調子だから本競漕のある旧五月四日は、予想外の盛況で、夜の明けぬうちから那覇市中はざわつき、明治橋あたりに向けて集まる群集の足音がたえず、午前八時ごろには二百艘ばかりの伝馬船が南北明治橋の上、下流に充満し、奥武山はいうまでもなく附近一帯の人家の屋根といわず、丘といわず、人影のない所はなかった。南北明治橋は警察の注意で、爬龍船協会が橋の中央に針金をひき、左側通行を実行させ、橋上に立ちどまることを禁じたため、混雑はだいぶ緩和され、事故もおこらなかった。江上には那覇警察署のボートが回遊し、署長が乗りこんで陣頭指揮で見物船の整理にあたった。見物の場所で明治橋がいちばん危険とみられていたので、和田警部長が橋上の交通整理を担当していた。三艘の爬龍船は午前八時ごろから思い思いに遊漕をはじめ、九時半になると北明治橋に集合し、クジ引きで出発位置をきめたところ、コースに向って泊は右、那覇が中、久米が左に並ぶことになり、小さい縄で爬龍船を伝馬船につなぎとめ、第一の砲声で用意をし、第二の砲声とともに縄を切って放すと、各ハーリー船はいっせいに必死に漕ぎ出すが、カイでかきあげる水しぶきにつつまれて疾走する勇壮な情景に、黒山のような人垣からどよめきがおこった。三艘ともほとんど船首をならべていたが、壷川のあたりで泊は一艇身ほどおくれ、那覇と久米が先頭を争った。その状態がずっと続き、決勝点に近づくころ那覇がようやく二、三メートルリードしていたが、そのとき久米のハーリーがねの調子が急に烈しくなり、それにつれて漕手は死力をつくして漕ぎ出し、すさまじい気迫をみせたが、結局わずか五寸ぐらいの差で那覇の勝となった。決勝点がもう数メートルも長かったら勝負はわからなかったとは人々のうわさ。本競漕がおわると、三艘のハーリー船は、随意に遊漕をやった。午前中は、落平一帯、午後は通堂や港口などを往復し、三時ごろ引きあげた。

爬龍船は波上宮の所有となり競売に出す

明治三十八年六月三日の琉球新報に爬龍船協会によるつぎの広告が出ている。

広告

昨年挙行致候爬龍船ノ儀ハ再興匆々ノ事ニテ準備不相届観客ノ不満足察上候本年ハ古事ヲ詳査シ全ク旧式ノ通リ左記ノ期日ニ競漕仕候就テハ費用モ不小要シ候間応分ノ御寄附被成下度此段広告候以上

五月二十七日　爬龍船協会

この広告からみると、明治三十七年のハーリーは、十分に古式の再現にはなっていなかったとみえる。

明治三十八年のハーリーは晴雨にかかわらず挙行するとの爬龍船協会による広告が出されていたが、当日（旧五月四日）はかなり雨が降りしきるなかを、朝早くから見物人が明治橋や奥武山附近に人山をきづいた。このときの競漕は、ガーナー森あたりまで三艘とも並行したが、僅小差で久米、泊、那覇の順で決勝点にはいった。その後、風月楼から水上警察署の間を遊漕し、午後四時すぎ旧式にならって衝突競漕をおこなった。

那覇のハーリーは、明治四十年から独立行事というよりは、波上祭の余興の一つとしておこなわれることになった。爬龍船協会が、その経費にたえかねて、そうなったのであり挙行の時期も波上祭に合せて陽暦の五月中ということになった。そのころから、ハーリーの本場が糸満に移った感があり、糸満のハーリー行事は年々盛大になった。

明治四十三年二月二十六日の琉球新報に、爬龍船の競売記事が出ている。明治三十七年に再興して使用した爬龍船は、明治四十年に爬龍船協会が解散し、三艘の爬龍船は波上宮の所有になっていたが、そうなってからは、ハーリー行事もおとろえた。各村の競争心がなくなったからである。漕手も波上宮の雇用となり儀式化したが、波上宮としても、一回の競漕に数百円の経費がかかるというので、それを続行する気持ちを失い、無用の船を保存して荒廃させるよりはというわけで、競売に出すことになったらしい。

明治四十五年になって、若狭町に島尻郡役所の新庁舎ができて、その新築落成の祝賀行事の余興として、同年六月二十七日、波上沖でハーリー競漕が挙行されることになったが、これは糸満から一隻、喜屋武村から一隻、その他、大嶺、奥武、港小から各一隻を出しての競漕だから、那覇のハーリーとはいえないものであった。

ところが、島尻郡各村の競争というので人気は上々で、見物人は波上附近の丘や海岸に人山を築き、海上にはクリ舟や伝馬船が三十隻ばかり出た。競漕の結果は、糸満、大嶺、奥武、港川、喜屋武の順序であった。一着の糸満チームのタイムは距離二千メートルをほぼ七分で漕ぎ切った。——爬龍船行事はもと中国人の居留地であった那覇の久米村でおこなわれたのを十四世紀末、南山豊見城の城主汪応祖が久米村とむすんで盛大な行事としたとおもわれる。

昔は豊見城の城下まで競漕したようで、その伝統は長くつたえられたといわれる。明治以後、爬龍船行事が糸満、大嶺、奥武、港小、喜屋武などいずれも、かつての南山配下の地域でさかんにおこなわれているのも、なにか意味がありそうである。

明治艶物語

情痴沙汰はいつの世でもたえなかったとみえ、明治の新聞をみるといろいろツヤダネ記事がでている。

見物人が人山を築いたのんびりした時代

島尻郡小禄間切湖城村の勢理客某は、女房が情夫をこしらえたというので、女房の頭髪を切断し、情夫を斬殺するとわめいて大騒動をひきおこして、その「犬もくわない」はずの情痴騒ぎを、これは芝居見物より面白いというので、見物人が人山を築いた（明治三十一年六月）という話、ずいぶんのんびりした時代である。

事件を報じた記事は文学的

首里の大中に、なに不自由なく暮していた人妻がいた。かなりの美人で、未婚のころから人目をひく派手好みで、多情の性格、夫が商用で大阪へ旅行中の留守に、表座敷を借りうけて止宿していた男と情を通じ不義の種子をやどし、四か月ばかりで流産した……うんぬんはありふれた事件だが、その事件を報じた記事文章は、文学的というか、記者の想像を駆使している。たとえば、夫の留守中の妻について、「なかなか辛抱が出来ず独り寝の淋しきまま輾転反側、毎夜、起きて見つ寝て見つ蚊帳の広さを打ちかこち、始終、この事ばかり思い焦せしに」とあり、下宿させた男と近づくところは「双方とも若もの同志の閨房さびしさは猫に鰹節もただならず、いつしか情を通じ合い怪しき夢を結びしより人目の関を忍ぶ枕の数かさなりて」といった調子である（明治三十一年九月）

一家の乱れより、新聞記事が乱れ判読に苦しむ

首里の儀保に住むある有禄士族の娘は、ある按司家のムスコに嫁ぎ、まもなく夫を失い空閨を守ることができず、亡き夫の父である老按司とくっつき不義の種子をやどしたため浮名がたちまち世間に広がり、仕方なく儀保町の実家に帰っていた。その実家には、この出もどりの女の兄（長男）がいたが、精神病で家事がとれず、その兄の長男が二十二、三歳の若者で利発だったので家事を仕切り、隠居の祖父の寵愛をうけていた。ところが、この青年の叔父にあたる人の妻で、二十五、六歳の未亡人がいたが、この青年とその未亡人が情交関係となり風評が立った。さきに、この青年の叔母にあたる例の出もどり女が義父

の按司と通じて大倫を汚し、いままた、この女のオイが叔父の未亡人と通じ、一家がいたく乱れている、との記事があるが（明治三十一年十一月）この一家の乱れ具合よりも、新聞の記事原文が乱れて判読に苦しむ文章、むしろ御愛嬌といいたいその文章のむすびは「人道を紊す禽獣と相距る遠からず」と道徳的筆誅を加えている。

友人の妹と妾を両手に

那覇久米村のある旧家の二十余歳の青年である官庁の雇いをして家計を助けていたが、道ならぬ情欲のはて、首里に住む友人某の妹を妊《はら》ませ、月満ちて「不義の塊まり」を生み落した。青年はこの事をひたかくしにして、知らぬ顔の半兵衛をきめこんでいたが、いつの間に浮名がひろがり、その上に、その同じ友人の愛妾とも姦通していたという旧悪までばれてしまったというお粗末な話――。

そもそものきっかけはといえば、久米村の青年の同僚が首里桃原のある有禄士族の家の表座敷を借りていたので、そこに顔をみせたわけだが、そこの家主の息子というのが、また、偶然にも、その青年の旧知であった。東京留学中の学友だったというわけで、青年は足しげく同家を訪ねるようになり、土曜の晩にきて泊ることもあったが、ついに同家の娘つまり学友の妹と通じた。この妹には姉があって、二人とも、よからぬ風聞があり、結婚話も幾度かあったが、そのために破談となりあたら盛りの花をあだに過しつつ世捨人の境遇にあったが、妹の密通事件を知った、その兄は、むしろ妹の仕合せと思い、見て見ぬふりをしていたので、久米の青年と同家の娘とは、ますますアツアツの熱度を高めたのは是非もない。

　ところで、久米青年の学友である同家の長男は、そのころ那覇の泊村に娼妓を引かして妾宅をかまえていたが、そこへ、例の久米青年をつれて行き、酒を飲んだりすることもあった。彼にしてみれば、久米青年は妹の恋人というので気をゆるしていたわけだ。

　この妾というのが、もとは辻遊郭で一時は全盛を極めた娼妓で、ある按司家の若殿と「専属」となったこともあるが、性多淫というか、若殿の親友にも買われるなど義理をかいて見はなされ、それから転々と客をかえているうちに、だんだんすたれて「御茶ひき」娼妓の境遇になり下がっていたのを、こんど妾宅にかこわれる身となったわけである。すこぶるキャリアに富む娼妓だから「手折らむこと野辺の花よりも易き風情」があり、顔もすぐれて美しかったので、久米村の青年は、これも手に入れようと謀反《むほん》の心を起し、その機会をねらっていた、そのうち妾宅の旦那は、水夫となって妾宅をあけることが多くなった。首里桃原の実家の家計が苦しくなったからである。久米青年は、その好機をとらえて、その妾と姦通し、それからは、友人の妹と妾を、両手に花と眺めながら不義の快楽をむさぼっていたが、さきにのべた私生児一件で、すべての秘密がバレてしまった。この久米青年は東京に留学していたころからプレイボーイぶりを発揮していたようで、某官庁の雇いとなってからは、役人風をふかすところもあったのでその醜聞はたちどころにひろまったというわけ（明治三十一年十一月）。

明治女の「妻の座」、夫の意志ひとつで離縁

夜の十時頃、商人の上さん風に丸マゲをゆった三十前後の女が辻端道の仲毛芝居の木戸口から酒気嫌の千鳥足で出てきた。芝居小屋に出入りする観客と突き当り、突き放され、よろよろと門外までころび出てきて人力車にたすけ乗せられて帰宅の途中、何度も車上から地面に転げ落ち、父母にも見せぬふともものの奥を遠慮なく公衆に見せびらかして恥じない乱酔の体。通行人の介抱と警官の保護で、ようやく、その自宅に辿りついた。大門前の時計商店で、亭主が出てきて、その女はすでに離縁して、いまは手前の妻でないからうけとるわけにはいかぬ、女の親族の某へ御引き渡しねがいたいといわれて、警官は仕方なく車を返させて言われた某家まで女を送りとどけた。

その女はもと時計店の上さんであったが、亭主が外の女を家に入れたので、くやしまぎれにヤケ酒を飲み、かく乱酔赤恥をさらす仕儀となった（明治三十一年十一月）というの

だが、そのころは夫の意向ひとつでかんたんに離縁ができたようで、強いといわれる明治の女には「妻の座」がなかったらしい。

妖婦（妾）を袋だだきにし、妖夫を告訴

辻端道の新演芸場に女形俳優で好評の好男子がいた。年令は三十四、五歳この役者は、渡地娼妓の美人を身請して、那覇の東町上ノ蔵に間借りの妾宅をおいていた。その妾宅から劇場には通っていたが、妾となったその娼妓は、隣家の下宿人と姦通し、俳優某は、この事実を知らず、旧正月の夕刻、家主と隣家の某（つまり恋敵）とを妾宅に招待し、愛娼の手酌で心よく酒を飲みかわして夜の十一時ごろ、家主も隣家の男も帰ったが、かねて、その妾としめし合わしていた隣家の男は、真夜中の二時頃になってから、ひそかに起き出し、大胆にも俳優某の妾の寝室に忍びこんだ。

たまたま俳優某は酔ざめの水が欲しくなり目をさました時だったので、人が忍び込んでいる気配を察して、ふとんをはねあげて起きあがろうとしたが、それでは大事と、娼妓上がりの妾は、寝たまま旦那の首筋をつかまえて、「まだ夜は明けていませんよ。いますこしねたらどうですか」と言った。

この様子を察知した隣家の男は、もはや事が発覚したと思い、附近にあった火鉢から鉄火ばしをぬきとり、女に抑えられてもがいていた俳優某の喉元に火ばしをかまえ刺殺しようとしたから、女はこれを制し、二人で俳優某を外へ押し出した。俳優某は大いに驚き、早速、新演芸場にかけて行って、同僚の役者数名を集め、妾宅に帰ったときは、妖夫（隣家の男）は逃げ去り、妖婦（妾）だけが残っていた。一同は、この妾を袋だたきにして無念を晴らしたが、これではおさまらない、その妖夫を告訴すると役者連中はいきまいたようだ（明治三十二年二月）サテ、この告訴はいかがなものか。

根も葉もないトラブルおこす

那覇区の西村に、牛皮販売業で品川甚五郎（四十七歳）というのがいた。その妾ウシ（二十歳）が近所の知人、嘉手川マカの家を訪ねて、妾宅を留守していたところへ、旦那の甚五郎がやってきて、ウシの不在をあやしみ、さてはほかの男と密通しているにちがいないと邪推し、それからというもの悋気をおこして、妾ウシと大喧嘩をひき起し、ついにウシは憤懣《ふんまん》のあまり、嘉手川マカから車賃五銭を借りて、そのまま家出し、従姉のいる仲島遊郭にかくれた。甚五郎は仲島にきていろいろさがしたが見つけることができず、もとの妾宅に帰り、隣りの嘉手川マカにいろいろたずねてみようと思い、うす暗い門前にたたずんでいた。

同じ西村の獣肉販売業者宮城亀（三十九歳）が近所の又吉真苅で朋輩三名と会飲していたが、外に出てきてそこに甚五郎が立っているのをみつけ口論となり、甚五郎は非常に腹を立て、石で亀の左眼を打ち、亀は無闇に人を殴打したことを怒り、手拳で甚五郎の上唇部をつき、たがいにもみ合っていたところへ近所の人たちが出てきて仲裁した。甚五郎は帰宅したもののこんどは十七歳のムスコをつれて亀宅にきて、また喧嘩となり、警察沙汰にまで発展したが、すべて根も葉もないことから生じたトラブルで、げに、疑心は暗鬼を生ず、である。

前夫と密会のため家出

那覇区東の玉城某妻オトは二十一才の若さで未亡人となったが、生来の浮気で、そのため今は亡き夫も生前さんざん気をもまされたものである。夫が生きていたころ、無断で家出し四、五日外泊して帰宅したので、夫はそのふらちの振舞をとがめ、ほかに情夫をこしらえたものと推察し、離婚話をもちだし、すでにその筋への手続きもすましていたが、オトはかねてから覚悟していたものとみえ、夫が商売の資本として保管をたのんでいた金を持ち逃げしたうえ、夫の衣類や家具類など数点を質に入れてあった。オトは再婚であったが、前夫と密会をとげるため、家出をしたあとは、しばらく那覇区西の（某）家に下女奉

公をしていた。これほど慕っていた前夫となぜ別れて再婚したのかが不審。（明治三十二年五月の話）

新聞記事には「珍聞」としてある

辻前毛に知念某という新婚ホヤホヤの若者がいた。新婦はかなり美人であったが、なぜか知念某は始めからこの新婦を非常にきらっていたが、ある日、知念某は突然家に帰ってきていきなり新婦に離縁を申し渡し実家に追い帰したので、実家のほうでは驚き、かつ怒って、家族そろって知念方へ押しかけてきて一夜も同衾《きん》したことがなかった、毎日、遊郭に流連して帰宅せず、新婦は独り空閨を守って離縁の理由をただしたところ、大喧嘩となり、ついに警官の厄介になった（明治三十二年五月）とのことだが、記事には、この事件を「珍聞」としてある。知念某が新婦をなぜきらったか、なぜ結婚したか、全くチンプンカンプン。

泥酔してしまい乱暴を働いた妻

辻遊郭登門小路で、男女多数が群集し、路上に人山を築いていた。年の頃、四十七、八の大年増が泥酔して、荒神の前という娼家に踏みこみ、さんざん乱暴を働いた。職業柄、辛抱強い娼家も堪忍袋の緒が切れて、この年増女をひきずり出し、こらしめんものと数名の娼妓が躍起となって、手を引っ張るやら、足をつかむやら、一生懸命に争っていたが、相手は不敵の大年増、骨組といい体格といい男勝りの難物で、とても娼妓たちの細腕には屈せず、ますます荒れ廻って、蹴るやら躍るやら、廓内大騒動をきわめた。

その顛末というのがこうである。波上祭の当日、辻町の御神の坂附近に住む五十男、頭髪は半分ほど雪をいただいたのが、辻前の毛あたりに住む「三つ竹小」という同年輩の遊治郎をさそい、波上祭見物とでかけ、その帰途、ある娼家へ上り、五、六日も流連してうつつをぬかしていたが、その女房は、年にも似合わぬ夫の身持ちに愚痴をこぼしながら燃えたつ胸をなでおろして夫の帰宅を待ちかねていたが、そこへ正午頃ひょっこり姿を現わしたものの女房の態度がつめたいので、急に怒り出した。自分の不埒は棚に上げて、激怒して荒れ猛り、時計やら器具やら手にふれるものを見さかいもなく打ちこわしたあと、ぷいと、また家を出てしまった。

廓内あちこちを遊び廻り六、七日も家に帰らなかったが、たまたま登門小路の「荒神の前」という娼妓で数名の娼妓相手に舞いつ歌いつ虫挙（ブーサー）やらで大陽気に騒ぎ立て夢中になって遊んでいるとのこと、女房ウシ（四十七歳）の探知するところとなり、ウシは無断でその娼家に踏み入り、そこで大騒ぎをしている夫をみつけ、嫉妬の炎がもえ上り、そこにあった葡萄酒を手にすると、舌打ち鳴らしてガブガブと飲んだ。ふだんは酒をのまぬ女だから、泥酔してしまい乱暴を働き出したので亭主は気をきかして、その場を逃げたが、その相手をさせられた娼妓たちがとんだ災難、しまいにウシをすかしたりなだめたりして人力車に乗せて帰した（明治三十二年五月）。

実家に帰ったまま戻らない嫁

首里区大中の普天間某の娘（二十歳）が、同区桃原の浦添某（十八歳）と結婚したが、一か月余りたったある日、実家に病人ができて看病せねばならないといって、一時の暇をもらって実家に帰ったまま帰らない。その実、嫁の実家には病人がいる様子ではないので、これはどうしたことかと思いめぐらした。夫は自分が二つも年下だからそれを嫌って生家に逃げ帰ったのか、あるいは婚礼前に思う男がいたのを親の命に背き難く心にもなく自分の嫁にきたが、あきらめきれず生家に逃げたのか、年若い夫はいろいろ判断に迷った（明治三十二年六月）。

叔父甥という複雑な関係

おなじ首里区大中の旧家の主人。二十年前、長男に死なれ世を味気なく思っていたが、十数年前、中頭郡西原間切出身の美妾を囲った旧領地であった西原に小奇麗な別荘を建て、その愛妾を朝な夕な手活の花と眺めていたが、いつか妾の腹に「殿様」のタネが宿り、やがて玉のような男の子が生れた。「殿様」のよろこびひとかたならず、その子を「山戸」と命名し、目に入れても痛くないほどの可愛がりようだった。ひたすら子供の成長をたのしみにしていたが、三、四年前、「殿様」は病痾に犯され、医者の薬石も甲斐なく、六十いくつかで彼世の人となった。女は一人で別荘に住むわけにもいかず山戸（十六才）を連れ、首里大中の「お屋敷」へ引越した。ところがその年の九月ごろから、その妾の腹がだんだんふくれだしてきた。これは捨て置きがたいというので、家族や親戚が集会して妾をよび、その不身持ちをなじったところ、妾が言うには、昨年旧五月頃里方の西原間切から「お屋敷」へ来る途中、暴漢におそわれたことがあり、また、昨年の綾門綱引のとき「お屋敷」の五男様（十七才）が微酔機嫌で妾の蚊帳の中へはいってこられたことがある。もし本年旧三月中に分娩したら暴漢のタネに相違ないが、万一、もし旧三月以後に分娩したならまぎれもなく当家の五男様のタネ、と遠慮会釈もなく口走ったからたまらない、一座の人はことの意外に打驚き、顔と顔とを見合わせて、しばらくあきれて口もきけなかったが、この尻軽妾（三十五歳）は、旧四月初め、無事に分娩したものの「お屋敷」の五男の子とあっては、「山戸」とその子とは兄弟でありながら叔父甥の間柄という複雑な関係となり、義理にも「お屋敷」に住むわけにいかなくなり、自業自得とあきらめて田舎に帰って行った、という話（明治三十二年六月）。

事の発覚に及び生家へ

首里区当蔵の某旧家の次男の妻、二年ほど前、良人を失った若い未亡人で、最初は神妙にして浮いた色もなく、きわめておとなしくしていた。年の若いのに感心だ、殊勝だと家人はもちろん近隣の人も、その貞節をほめぬものはなかった。ところが若い未亡人の貞節と売薬の効能書ほど当てにならぬものはない、この未亡人、いつしか同家の親類で家事向きの手伝いをしていた、二十二、三歳の若い男と通じ、初めのほどはたがいに忍び合い、人知れず不義の快楽をむさぼっていたが、ついに因果の種子を宿し、月日の経過と共に未亡人の腹は風船玉のようにだんだんふくれ出してかくしきれず、事は発覚に及び、密夫は大いに叱責せられ、未亡人は生家へ放逐された（明治三十二年六月）。

浮気のおそれありと愛妾を警戒

首里に城間某という道楽ムスコがいた。「ブシクヂーカミヂャー」とアダナされた辻娼妓の怪物を自分の家に引き入れ、自分は旦那気取りでいた。家政が日に日におとろえてゆくのをかまわず、遊楽に日をすごし、遊蕩社会のなかでも噂のタネになっていた。

娼妓「カミヂャー」は遊廓に居る頃から手練手管に妙を得ており、たいていの客は、その喜ぶところとなり、そのため客に敬遠されていた。浮気の名人だから城間の囲い妾となってから、そのことを知る人は旦那たる城間の身の上を気づかい、旦那もまた始終、妾の警戒の目をくばっていたが、自分の行動も監視されて以前のように娼妓買いや浮気などして命の洗濯をする余裕もない。だが恋はくせもの異なもので、ついに意外の事から、この旦那が意外の浮気に走った。首里区真和志の古着商で兼島という士族のアヤー（妻女）は四十ばかりのうば桜だが、色気はまだ人目を引くものがあった。このうば桜は、かねて娼妓「カミヂャー」の知己で、城間の家に出入りしていたが、いつしか城間と通じ合い、そのタネを宿し、このほど流産したことが発覚した。浮気のおそれありと警戒されていた「カミヂャー」は何の事もなく、かへって、愛妾のために貞節を尽くしていると思われていた旦那が浮名を流したというわけ（明治三十二年七月）。

新聞の情事記事、生々しい現実感と歴史が生きづく

明治といえばきびしい道徳社会を想像するが、新聞面には色恋沙汰の記事がたえない。

廃藩置県後、社会秩序にかなりの乱れがあったのだろうか。それにしても、そのころ、すでに「恋愛の独立」などという論説が新聞に出ているのは注目に値する。

その全文を紹介するスペースはないが、恋愛と結婚（家庭生活）とのくいちがいを論じ、西洋の例などひきながら「もしこれを極言すれば男女の恋愛と家との関係はついに相一致することあたはざるやの感なきにあらず」とし、恋愛讃美もよいが、まず社会人としての独立が大切で、悪妻自由の西洋社会でさえ、周囲の監視の目がまったくないわけではない。周囲のかえりみない恋愛は、恋愛にして恋愛にあらず、性欲以外に「高等なる霊妙の働き」がこれに加わらなければならない。恋愛の自由とは選択の自由であって、家や社会の干渉が比較的にすくないということであって、社会状態や個々人の心意の発達成熟の結果として生ずる現象である。われわれの社会では恋愛選択の自由に乏しいが、それは社会組織がまだ不完全なためで、社会改良、交際範囲の拡充の必要がある。これからの青年男女は、意志や感情の独立をはかるべきで、心意の発達がなければ、恋愛自由の社会環境は生れてこない、といった論旨のようである。

明治は遠くなりつつあるが、新聞の情事記事をみると、生々しい現実感がよみがえってくる。市井現象の中にいつまでも化石とならない歴史が息づいているような感じがする。

辻の行事と組織

ズリ馬

旧の「二十日正月」の行事である「ズリ馬」行列は、明治三十年代の三遊郭並存時代には、辻遊郭だけでなく、仲島遊郭でもにぎやかにおこなわれたそうだ。「二十日正月」の行事は、遊郭にとっては、一種の「豊年祭」で、千客万衆の訪れを祈願するためのものらしく、物価騰貴や不景気で、旧年来は火の車の苦面にあえいでも、行列の衣装は美しく着飾り、新調のものも多いといった気の入れようである。ことに辻町は、すべて華美。そのころの行列は、午前五時頃に始まって、午前七時ごろにおわったというから、いわば「モーニング・ショウ」だったわけだ。

明治三十九年の辻の「ズリ馬」には、和装、洋装の美人を行列に加えたとある。もちろん、「辻の女」が和装や洋装をして出たわけだが、和装でさえ珍しい時代だから、洋装とは、ずいぶん思い切ったことをやったものである。そういうところをみると、「ズリ馬」はかならずしも古い伝統だけにとらわれたのではなく、人目を引くための趣好をいろいろこらしたようだ。

当時の記事は、つぎのようにつたえている。「行列の種類は、上村渠、前村渠とも大同小異にして、ただ異なる点は、上村渠は行列中に獅子舞の所を、前村渠は弥勒躍、また前村渠の男装和装の美人二人、並びに洋装の美人二人、一団の手躍の代りに上村渠は和装美人の行列を加へたると、前村渠が旗頭のつぎに「オチハン」の一列ありしことなどなり。

その順序は旗頭、獅子舞（もしくは弥勒躍）、騎馬の親方部、振袖の若衆数十名、扇子舞の一群、万才躍の一群、長刀舞の一群、乗馬躍の一群、和装美人の一列（もしくは男装和装の美人の手躍）、米つき躍は後殿（しんがり）となり、貸座敷のアンマー連は、向鉢巻にタスキかけの勇ましき装ひして棒を携へ、道の両側に処々にありて警護の任に当り、その数およそ一百名以上もあるべし。行列の道筋は各々「盛前」をくり出して、上村渠は、中道を東に鳥居前に出て、波上の「白堂の御嶽」に乗りて祈願の演芸を奉納し、それより引返し、道中、処々にて芸を演じながら後道（くしみち）に入り、「ウガンヌヒラ」の神前にて、同じく祈願の諸芸を演じおわって、辻の角、登門小路をへて端道に出て、西武門を回り、再び中道に入り、「盛前」に着して退散、前村渠は、獅子屋の「御拝所」に祈願して、後道を西に、前の毛に出て、旧小豚市場の「御拝所」に参拝し、引返して端道より登門小路に入り、上の角をへて、再び後道および「前の毛」を通り、中道に来り、「盛前」に着して退散せり。

これでみると、芸妓による仮装デモンストレーションで、警護にあたる貸座敷のアンマー連だけで百名以上もいたというから、その盛況が想像できる。その日は「くもり、ときどき雨」といった天候らしいが、男女の見物人が午前四時、まだ暗いうちから集まってきて、「ズリ馬」の始まる午前五時ごろには、辻町一帯は群衆雑踏し、行列のときは、警護のアンマー連は、道を開こうと一生懸命に棒をふりまわし、しきりに金切り声をあげて見物人を制す、つまり、交通整理である。この貸座敷のアンマー（女主人）たちの服装は、注目してよい。向鉢巻にタスキ掛けの凛々《りり》しい男装である。六尺棒をもっている。おそらくこれは、旧王朝時代からのボディ・ガードのスタイルであろう。王の行列を警備した士族の服装であり、綱引行列の警備員の装束であろう。貸座敷のアンマーたちは男装で、「ズリ馬」行列を警備し、見物人の交通整理にあたったのだ。このことは、辻町の秩序がすべて女だけで維持されていることの反映であり、秩序の維持者であるアンマー連が、「ズリ馬」の行事について、全責任をもとうという責任感のあらわれだとおもわれる。貸座敷のアンマーというのは、辻町各楼の経営者である。これらの経営者はすべて芸妓出身である。辻町芸妓にとって、貸座敷のアンマーになることは、最終目標であったらしい。

ところで、これらアンマー連が凛々しい姿で行列沿道の警備にあたるわけだが、見物人のなかには女と思って、その指示にしたがわないものが多く、男の見物客などかえってアンマー連をからかうものがいて、ワーワー騒ぎ立て、なかなか行列の整理がつかず、しまいには那覇署から出張した警官の手を借りなければならないといった有様であった。

貸座敷のアンマー

俗に、「ズリ・アンマー」といわれる貸座敷営業者は、「娼妓に座敷を貸して、その席料を所得することを営業とする者」という定義になっているが、いわば、妓楼の経営者で、ズリ・アンマーと娼妓との関係は、たいていのばあい親子のように親密な関係があって辻町独自の雰囲気をつくっていたようだ。娼妓が「ズリ・アンマー」になる過程はといえば、つぎのようなものである。娼妓が相当の年令に達し、馴染客が極端にすくなくなる。たとえば二、三名にへってくると、娼妓としてやっていけなくなるので、はじめは一名とか、二、三名とか若い娼妓をかかえ出して、アンマーと呼ばれるようになるのが立身の始まりである。そして「ズリ・アンマー」とよばれるようになると、かつて馴染の深かった客のなかで、とくに馴染の深かった客と夫婦同様の関係にはいる。その場合、最後の馴染客が死んだりすると、「ズリ・アンマー」は未亡人同様になるのを常としたという。しかし、それは表向きで、こっそり代りの客をこしらえていたともいえる。

それでは、貸座敷営業者（ズリ・アンマー）が、どのくらいあったかといえば、明治三十二年九月の調べでは、辻が四一四人（娼妓七八一人）、仲島七五人（娼妓一三九人）、渡地は七六人（娼妓一五四人）となっている。「ズリ・アンマー」と娼妓の数をくらべると、だいたい「ズリ・アンマー」一人に対して、ズリ（娼妓）が二人といったていどである。それでも、数の上からいえば「ズリ・アンマー」が多すぎる。なかには、娼妓を三、四名もかかえるのがいるはずだから、娼妓をひとりかかえて「アンマー」とよばれるのもかなりいたはずである。妓楼も、複数の「アンマー」連が共同経営していたことが考えられる。

貸座敷には九日払いという言葉があったようだ。毎月二十九日になると、「月極め上納」として娼妓から、その月の総勘定をとりたてる「二十日」を略して、ただ「九日払い」といったが、馴染の客も、これに間に合うように娼妓のところに、その月の遊びの「かけ」をまとめてもってゆく。そういう律儀なところがあった。馴染客は一文なしで遊びにくる。だから娼妓が馴染客をとるときは、客の身元や身分職業まで、裁判官が犯罪人を取調べるように、詳細にたずねて、そうしてはじめて客としてのつき合いをするならわしがあるのも、辻町の取引きが、ふつうは現金取引ではなく、信用取引だからである。

貸座敷営業者の収入はどうかというと、抱えの娼妓に、それぞれ分に応じて、七、八円とか十二、三円とか月極めの上納を負担させる。貸座敷営業と娼妓とのそういう関係を「叶受け」というのだが、まだ「叶受け」の関係になり、つまり一人前でない娼妓のばあいは、客へ出す酒肴などは一切貸座敷営業者（アンマー）が出すから、その娼妓の収入はそっくりアンマーのふところにはいってしまう。「叶受け」娼妓のばあいは「月極め上納」を払えば、あとは自分の収入になるのである。

アンマーの支出は、一日三度の娼妓の食費と家賃である。「叶受け」娼妓の月極め上納を払えば、アンマーは食事を給しなければならない。また、妓楼はほとんど借家だから家賃を払わねばならぬ。娼妓の上納金のなかからそれらを支払った残りが、アンマーの総収入となるが、ほかにもいろいろ細かい出費があるはずである。しかし、臨時の出費があるときは「月極め上納」を負担した娼妓にも割り当て分担させる。たとえば、組頭の給料とか、「ズリ馬」その他の興行をやる費用などは、娼妓も全部が負担することになる。

貸座敷営業というのは素人がやることは、ほとんどない。貸座敷といえば、娼妓が立身する唯一の道で、娼妓も貸座敷（アンマー）になることを最後の目的とする。娼妓はせっせと小金をためる。または金づるのよい客をつかまえて、とにかく三百円とか四百円とか、まとまった金ができると、抱へ主への前借を返す。この前借金は、たとえ借りた金が五十円であっても百円であっても、返すときは一律二百円を返すという習慣がある。この御定まりの二百円を返して、残りで一人でも二人でも、娼妓を抱えるとアンマーとなって、貸座敷営業をするわけだが、なかには貸座敷と娼妓との二枚の鑑札をもって、貸座敷営業兼娼妓の二刀流を使うのもいる。

四十才以下の貸座敷営業者（アンマー）で、旦那をもたないものはいなかったといわれる。なかには二十二、三才の貸座敷もいる。これは見たところ、装いといい、挙動といい、ふつうの娼妓とすこしもかわらない。変ったところといえば、特定のきまった客（旦那）にだけ接する点だ。ふつうの娼妓でも中以上となると、十分に客をえらんで、きまった客の二人や三人ぐらいしか相手にしなかったらしい。

貸座敷の上部構造が「盛前」で、いわば辻の自治機関である。「盛前」は辻全体に十六か所、上村渠と前村渠にそれぞれ八か所あり、その八か所のうち二か所は「大盛前」、六か所を「盛前小」といい、「大盛前」は「姉大盛前」と「妹盛前」にわかれていた。

共通する沖縄と内地の方言

全国方言辞典（東條操）から沖縄方言と内地方言の共通するものをひろってみた。

沖縄ではトンボのことをアーケーズという。トンボを鹿児島の種子島ではアーケ、またはアケといい、仙台ではアーゲという。「ウートートー」(沖縄)は神前でアートトというが、壱岐では神前でアートトといい、喜界島ではアートトが「みこ」の意味になる。けんかすることを沖縄ではオーユンといい、日本の古語ではアフが闘うことで、喜界島ではアーユイとなる。サバニなどの舟底にたまった海水を沖縄ではアカといい、それをくみ出す木製の道具をアカトイといっている。アカは佛教語の閼伽からきているようで、薩摩では水をアカといい、千葉県山武郡では佛のことをアカといっている。雨がやむことを「雨がアガル」と京都や尾張あたりの方言ではいうが、沖縄でもおなじ意味につかう。

また、「田畑の仕事をおわって家にかえる」ことをアガル(山形、新潟)「学校から帰る」のは「学校をアガッタ」(岐阜、和歌山、大阪府南河内郡)、「卒業する」(大阪)などあり、沖縄でもおなじ意味でつかう。さきにトンボのことを出したが、日本の古語ではアキツ、大分、盛岡などではアケズ。灰を沖縄ではアクというが、庄内、東北、栃木、群馬、新潟、長野、三重県南牟婁郡、宮崎県延岡でもそういう。海にたいして陸のことを鳥取や山口ではアゲというが、沖縄ではアギ。また、アゲは富山県東礪波郡では岡のことで、上田、淡路島、高知県高岡郡では、高地の田のこと、奈良県宇陀郡では、「田の一部に野菜をつくる所」につかっている。くりかえすようだが、トンボをアケズというのは、仙台、東北一帯、茨城県多賀郡、新潟県下越地方、宮崎、鹿児島などひろくまたがっている。

夕暮れをアコークロー

夕暮れを沖縄ではアコークロー、宮崎、熊本ではアコークロ、鹿児島ではアコークローねむりからさめることを沖縄ではウズムというが、奄美大島では朝起きをアサウズミという。千葉県八街では朝焼けをアサカジというが、沖縄にもそういう言いかたがある。西表では曽祖父をアジというが、喜界島では祖父、沖永良部では祖母のこと、沖縄の按司とつながりがあるかもしれない。母を沖縄の士族語でアヤというが、津軽、三重県南牟婁郡でも母はアヤで、アヤまたはアチャが秋田や与論島では父、青森では母、石川県鳳至郡では、下女や子守のことにつかっている。アッタニは沖縄語では「急に」の意味だが、岡山県阿哲郡、島根県八東郡では、「急に」「にわかに」をアッタとかアタダニとかいう。

沖縄語のアッタルは「惜しい」の意味で、これは日本古語のアタラと通じる。岩手、宮城、新潟、長野、埼玉、石川の諸地方ではアツタラという。また、「惜しいもの」「大事なもの」を常陸、東北地方、関東、北陸、長野県松代、三重、和歌山、大阪、佐賀、種子島ではアッタラモノという。若い女を沖縄ではアバーという。青森、新潟、長野県平島、種子島ではアッバまたはアバといえば母のこと、盛岡ではアバは乳母（ウバ）のこと、奥州南部、津軽では、妻、おかみさんのこと、八丈島では五女（五番目の娘）のこと、沖縄の新城島では祖母のことになる。「かかと」を沖縄ではアドというが、九州でもおなじ。さきにもでたが、アトト（祈るときの言葉）は、秋田県由利郡、長野県五島では「佛」「僧侶」で、秋田県由利郡や山形では「月」をアトトとよぶ。ガマ（沖縄では洞穴）を熊本県玉名郡では、「甘藷などを貯蔵するため縁の下や崖などにほった穴」のことをアナガマとかガマという。さきにでたアバだが、新潟、石川県河北郡では、「適令期をすぎても未婚の女子」をアバまたはアマといい、新潟では「妹」「二女以下」をアバという。石川県羽咋郡、鳥取県西伯地方、岡山県和気郡、高知では、伯母、叔母（おば）をアバといい、青森、岩手、秋田、山形、新潟、石川では母のことになり、新潟、石川では「下女」「女中」、新潟県北蒲原郡では、アバは「子守女」にいう。

おしゃべりはアンダグチ

田のあぜを沖縄ではアブシというが、山口県大島や奄美大島でも田のあぜはやはりアブシである。「おしゃべり」を沖縄ではアンダグチ、奄美大島ではアブラグチ、母のことを沖縄ではアンマだが、アマまたはあんまは三重県南牟婁郡では「姉」、庄内では「年のゆかぬ下女」、南部、岩手県中部では、「祖父」「老人」、長崎では「男の子」。雨蛙は、沖縄、宮崎、鹿児島ではアマガク。月のかさを宮崎と沖縄ではアマガサ、あばれものを沖縄ではアマリムン、宮崎、鹿児島ではアマイバッチョ、「さわぐ」「あばれる」「いたずらする」

ことを沖縄、肥後菊池郡、九州各地ではアマルという。くさることをアメーユンと沖縄でいい、岡山ではアマルとかアメルという。

北海道松前、盛岡、青森、秋田、岩手、三重では、「食物がくさる」ことにアマルとかアメルという。さきにもでたアヤだが、これはアジャとなるときもあり、青森、岩手、沖縄の石垣島では「父」「中年の男」、秋田、山形、高知県幡多郡では「兄」、青森県下北郡、秋田、山形、新潟県西蒲原郡では、「母」「主婦」、奄美大島では「祖母」、沖永良部では「姉」、新潟県頚城地方では「子守」の意味になり、「子守」の意味ではアヤスという言葉とつながるようにおもわれる。母は沖縄ではアンマで、福井県三国地方、志摩崎島、高知県幡多郡で母はチアンマ、石川県鹿島郡や石垣島（沖縄）ではアンマまたはアッバは「姉」、それが石川県羽咋郡で「娘」のことになる。アンマーを「娘」「若い女」の意味につかうのは、静岡、三宅島などである。

沖縄や香川県では、目下の者にたいする返事の言葉に「イー」を使う。与論では「叱る」ことを、イイクルスンというが沖縄とややにている。沖縄では相手のことを「イャーガ」という、青森県八戸では「お前」という意味にイガという言葉をつかう。「どうしても」「決して」のことを愛媛県宇和島や高知ではイカナコトというが、沖縄では「イカナクトヌアテン」といえば「どんなことがあっても」の意である。「とげ」を沖縄では「ンジ」

という。近畿、石見では「とげ」は「イギ」「イゲ」となり、イギやイゲは、石見、山口では「野ばら」「いばら」であり、広島、山口では「さかなの骨」である。尖閣諸島の別名として、沖縄にイーグンという古い言葉がある。魚をつくモリのことらしい。奄美大島では「モリ」をイグムといっている。

愛人をンゾと呼ぶ

「愛人」を沖縄でンゾ（無蔵）という。無蔵は漢字であてたもので意味はない。三重県南牟婁郡飛鳥地方では、夫から妻をよぶ語に、イジョーというのがある。「小石」を沖縄ではイシナグといい、御前風の歌詞「イシナグの石ノウフシナルマデン…」で知られるとおりである。小石のことを庄内、新潟県西蒲原郡、福井県大飯郡、三重県各賀郡、大阪、京都ではイシナゴといい、千葉県夷隅郡ではイシナゴといえば「くるぶし」のことであり、徳島、高知では「おはじき」になり、中国地方、薩摩、福島県東白川郡、茨城、岐阜県大垣、福井県坂井郡、京都、徳島、愛媛県周桑郡、大分、福岡県久留米では「おてだま」のことで、小石は北海道ではイシナンコ、東国や中国地方はイシナンゴという。

「イッチウリガマシヤサ」は「いちばんそれがいい」という沖縄言葉で、福島県若松、新潟県中魚沼郡、群馬県吾妻郡、中部以西各地でイッチといえば、「最も」「いちばん」という意味である。山形、新潟、出雲、隠岐ではエッチという。屋内にふりこむような細雨を鹿児島の谷山ではウチアメといい、沖縄とにている。「おじさん」を沖縄でウンチューという、茨城県行方郡ではウンツアー。ウフジラーといえば沖縄では傲慢な顔付きにいう、栃木県河内郡、千葉県君津郡、長野県南佐久郡ではオーズラとなる。

神を拝むときのウートートが鹿児島肝属郡ではオートオート。座敷を沖縄でウザという、鹿児島県肝属郡ではオザである。ウジュム（目がさめる）は九州ではオズムあるいはオジョムである。姉妹を沖縄ではオナイという、「オナリ神」のオナイまたはオナリである。出雲では、「田植の日に食物を準備する女」のことをオナリトという。ウミグワは沖縄では「思い子」「愛児」のことだが、鹿児島のコシキ島では、それがオメーゴとなり、長崎県五島ではオメゴである。

年長者にたいして沖縄では「ウンジュ」という敬語をつかう。熊本、宮崎、鹿児島では「男の老人」をオンジョとよぶ。洞穴を美濃の東部地方でガマといい沖縄とおなじ。井戸を沖縄では「カー」というが、長崎県五島では井戸をカーとかカワとかいう、また伊豆大島では「湧水をためた共同井戸」をカーという。大分、宮崎、熊本、鹿児島では「ひっかく」ことをカカジルというが、沖縄とややにている。

喜界島では「容姿」のことをカギまたはカーガーというが、これも沖縄とにている。坂のことを沖縄ではヒラという。大分県大野郡では「日かげ地」をカゲヒラといい、広島県安芸郡では「北側の傾斜面」をヒラというが、ヒラは坂または傾斜面という意味の古語であったようにおもわれる。沖縄でカシチーといえば祝いごとにつかう「こわめし」のことだが、カシキまたカシキーが岩手県釜石、茨城県北相馬郡、愛知県知多郡、長野県下伊那郡、飛騨、和歌山、隠岐、愛媛、高知では「炊事」のことである。

また、青森県野辺地、岩手、愛媛県大三島では、「炊事をする者」「めしたき」であり、奈良県吉野郡では「山小屋の炊事係」であり、岩手県釜石、伊豆大島、三宅島では「舟の炊事係」である。蚊を沖縄ではガジャンといい、奄美大島ではカジャミまたはガンジャーという。飢饉（キキン）を沖縄ではガシといい、山形県村山、三重、和歌山、福井県大飯郡。京都、鳥取、島根、岡山、広島などでは、ガシンあるいはガシといっている。

Ⅴ　随筆集

師弟の別離

四十年前ほど昔になるが、山原を旅行しての帰り、名護から那覇行きのバスにのった。バスが名護の町を出て、一つか二つ目の停留所にとまったときだとおもう。

黒の詰襟服を着た四十代とみられる男がのりこんで、私とおなじ窓ぎわに腰をおろした。詰襟服は、あいた窓から右手を出して、二、三度ふった。

すると、バスの外でいきなり、子供たちの合唱がきこえた。

小さな部落であった。たぶん世富慶か数久田あたりだったのだろう。その部落の入口にバスは停まって、しばらく、なにか荷物をのせているようだった。路傍に、小学校の三、四年生とおもわれる男女生徒が七、八人立っていた。その子供たちは、小さい口を大きく開いて歌っていた。

鎮西八郎為朝公
図南の雄志やみがたく
大海原を船出して
着きしはここぞ運天港

やがてバスが動き出すと、子供たちは、急に歌をやめて、しきりに、「先生」の名をよび、また歌をうたい出した。

バスは部落をすぎた。子供たちの合唱は消えた。そのころ、日常で詰襟服をきているのは、たいてい小学校の教員であった。年恰好からみて校長か教頭かも知れない。風呂敷の包みをむすびなおしていたが、まもなく窓外に目を移した。やせて背が高く、青白い面長な顔からやさしそうな人柄がうかがえた。

私は、さっきの子供たちのことが気になっていたので、思いきってきいてみた。

「先生、どこかに転任なさるんですか」

「は？」といった目を、私にむけた彼は、意外に大きな声で、

「いやあ、そうじゃないんです。……」

といって、ちょっと照れた顔つきになった。

「そうですか」

私は、だまってしまったが、かれは私の質問に気がついたらしく、那覇に用事があって出張すること、また、学校にかえることを説明した。

「わずか一週間ばかりなんですがね、学校を留守にするのは。いいからといったんだが、

ああして見送りにきてくれたんですよ」
「そうですか、いいですね」
私は、窓を流れる初秋の涼風をふかくすいこんだ。ある感動が私の胸をひたした。
鎮西八郎為朝公
　図南の雄志やみがたく
……………
私は、その歌を小さい声でくちずさんでみた。あのとき、バスの窓からみた山原の山なみは青かった。ほんとに青かった。

熱帯魚

ある日曜日、小さい女の子をつれて、波之上海岸にいった。潮干狩りのつもりである。干潮で珊瑚礁が、かなり露出している。岩礁のあちこちに海水のたまりがあって、よくみると、青い小さな魚がときどき姿をみせる。熱帯魚である。だが、どの水たまりをみても、目につくのは、青い小魚だけである。

それが、小さな網からもこぼれおちそうな大きさである。ひとつの水たまりに五、六匹ばかりいるようだった。

岩礁は、まるで陸の岩みたいに、不毛である。残酷なほどの貧相！　私は、ふと、少年時代のことを思い出した。昭和の四、五年ごろのことである。

隣家に中学生がいた。かれの家は、夏になると、ナーベーラー（へちま）やゴーヤー（にがうり）が、棚もたわわといいたいほど、みごとなのが、たくさんぶらさがる。

その秘訣は肥料である。雲丹（うに）が、もってこいの肥料らしい。中学生と、その家族の誰かが、波之上海岸にいって、ときどき、雲丹をとってくる。それをいっぱいつめた大きなメリケン袋のひとつかふたつかついでくる。それを、ナーベーラーやゴーヤーの根元のまわりに、トゲのついたまま埋めるのである。とってきた雲丹は、トゲのピンと張ったみるからに栄養肥りしたといったものばかりである。

そのころ、波之上海岸の岩礁には、雲丹がいっぱいいた。いや、いろんな小動物がいた。磯巾着（いそぎんちゃく）や海星（ひとで）などのほかに名も知らぬ海生動物がたくさんいた。岩礁のあいだの深みでは、色とりどりの熱帯魚がたくさん泳いでいた――。

若いころ読んだジョージ・ギッシングの「ヘンリー・ライクロフトの手記」のなかで、

四十年前の小学生のときの汽車旅行を回想するくだりがある。父親といっしょに訪れた、閑静な北イングランドの海辺の光景を思い出しながら、つぎのような言葉でむすんでいる。

ああ、幼い唇に味わったあの潮水の味！　いま、自分は好きなときに休暇を取って、どこへでも行きたいところへ行くことができる。しかし、潮風のあのすっぱい接吻は二度と味わえないであろう。自分の感覚は鈍くなっている。自分はもうあんなに自然に近づくことができない。自分は情けないが雲や風に恐怖を感じる。かつては夢中で飛んだり跳ねたりした場所を、いまは辛気な用心深さで歩かなければならない。日が照りかがやく波打際へ飛び出して、光と水を浴びたり、銀色の砂丘をころがったり、美しく光る珊瑚の上を岩から岩に飛びうつって、ヒトデやイソギンチャクの浮く浅瀬にすべり落ちて大笑いをしたり、そんなことが、たとい半時間のあいだでも、もしできるとしたら！自分はもう、気は若くても、如何にせん身体が老いこんでしまった。かつては楽しんでやったことを、いま自分はただ眺めることができるばかりだ。（中西信太邦訳、新潮文庫）

人間が年をとって、自然が感受できなくなるのも悲しいが、自然そのものの荒廃が、人間の老衰よりもっとひどいのを見るのは、さらに悲しい。

波之上海岸は、もはや死んだ海である。

竹林部落

那覇近郊の部落にも、たたずまいというか、一種の風格のようなものがある。それをつくっているのは人家ではない。人家を、部落全体をつつみこんでいる樹木であり、それが、あるふんいきをかもしだすのである。

国場も、こんもりと樹木におおわれた部落だった。ことに竹がおおかった。どの屋敷も、周囲に、いっぱい竹が生えていた。釣竿になりそうな竹から、孟宗竹のようなふとい竹まであったようにおぼえている。

夏のあつい日でも、適度に日光がさえぎられて、部落のなかを通ると、ひんやりするような、また、春の朝日をうけた竹やぶで鶯の声をきくのも風情があった。竹は、水のおおいところでないと育たないと聞いていたが、地下水も豊かだったのだろう。

そういえば、地下からわく清水がこんこんと流れて、竹林の根っこを洗っているのを、部落のなかでみたことが、何度かあった。

いま、国場は、ほとんどブロック建の民家で、ブロックの石べいが屋敷をかこっている。ずいぶん豊かになったが、そのかわり、殺風景である。

部落から自然がにげたのである。いや、人工が自然を追い出したといったほうがよい。

阿旦（アダン）

黒潮が、日夜、滄々浪々として、珊瑚礁の渚を洗う所、島の若き男女が、蛇皮線をかき鳴らしながら、月明の夜、アダン葉のかげで泡盛酒を汲みかはす……。

たしか、そういうような文章だった。なにかの本で読んだような気がするが、はっきりおぼえていない。初めて沖縄にきた新聞記者の印象記だったのかもしれない。この文章を読んで、中学生のわたしは、これは名文だというので、暗記しようとしたことがある。

その最初の書き出しが、右のようなものだった。いま、考えると、調子のよい、いい加減な文章である。「滄々浪々」などという形容詞があるのかどうか知らないが、珊瑚礁、蛇皮線、アダン、泡盛酒と、沖縄のイメージとむすびつく物の名を列記して、それらを無理につなぎ合わした、想像による作為の文章としかおもえない。

しかし、「沖縄」のイメージのなかで、珊瑚礁や蛇尾線や泡盛酒といっしょに、すぐ心にうかんでくるほど、アダンは、この島、沖縄にかかせない風物詩のひとつになっていたことはたしかだ。

世礼国男の詩集に『阿旦のかげ』というのがある。アダンが沖縄の風物を代表していたから、この題名が生れたのだろう。島のいたるところ、海辺などに、アダンが繁っていた。波之上一帯の海岸にもあったし、いま、東急ホテルが建っている崎樋川の海岸に面した斜面は、アダンが群生していた。

アダンはあまりきれいな植物ではない。アダンの群生をみると、なにか荒涼とした感じさえうける。アダンは、潮害に強いので、防潮林として植えられたようで、海岸に自然に生えたものではないようだ。つまり昔の政治家の計画植林によるものである。

そういう意図がわかると、詩心もさめてしまうが、アダンをみて育ったものには、やはり、それが、ある感興をよびおこすのはたしかだろう。

学術調査できた早稲田の本田教授や民族研究家の三隅治雄さんの一行と、わたしが沖縄タイムスにいたころ、はじめて久高島に渡ったときのことを思い出す。

そのときばかりは、いささかアダンに食傷した。久高島は、いやになるほどアダンがしげっているのである。

島が、すっぽり、アダンに包まれているといったふうにみえた。やはり、荒涼とした感じだった。そうでありながら、それは、故郷の香りにちがいはなかった。珊瑚礁の明るい海や岸になくてはならないものだった。

原勝負《ハルスーブ》

父が役場の吏員をしていたので、わたしは、ハルスーブというのを何回かみた。

場所はクハァンガウマイー（古波蔵馬場）である。いまの城岳小学校は、その馬場をくずしてできたのである。城岳小学校の正門あたりから、与儀におりる坂のとっかかりまで、馬場だった。形は、細長い矩形で、巾の広い直線道路を適当な長さでチョン切ったものとおもえばよい。その周囲は、幹のふとさが、ふたかかえも、みかかえもあるような黒松の大木が生え、両側の松の枝が、馬場の中央で握手しそうな距離まで伸びて、みあげると、馬場よりずっと細い道となって空がのぞいていた。ふだんは使っているようすもないが、ニービ質の赤土だったせいか、馬場にはあまり草が生えていなかった。馬場は名前のとおり馬を走らすところだが、馬を走らしているのは、あまり見たことがなかった。そこは、運動会や相撲や、ときには演説会場などにも使われて、〝部落の広場〟というか、レクリエーション・センターみたようなものだった。

沖縄文化史辞典に、「原山勝負」のことを、つぎのように説明してある。「ハルスーブともいう。旧正月を中心として、春・秋どちらか一回行なわれる。目的は原（農地）、山（山林）の手入れの状態を審査員を設けてその優劣を評価する一種の農事奨励である。……日取が決まると、農民は各自の田畑や畦の雑草を取り除き、溝をさらい、山林の手入れをして審査を待つ。勝負の方法は字内では個人を単位として評価がなされる。市町村では字を単位として評価がなされる。……」

そういう行事だということは、あとで知ったわけで、わたしが子供のころにみたのは、審査がおわってあとの発表会、表彰式みたいなものである。それを、ハルスーブとおもっていた。農村にとって、最大の行事であったようだ。

たいへんなお祭り気分である。その年の農作の苦労をいっぺんにふきとばすように羽目をはずす男たちが、村の各字から馬場の周囲に集まり、泡盛で気焔をあげる。

こんにちの闘牛場ともちがう、はなやかな熱気がただよう。

当日の呼び物は、なんといってもウマスーブ（馬勝負）である。

コージャー馬グヮーとよんでいた沖縄産の駄馬に不恰好に大きな鞍をおいて、手綱その他、ゴテゴテとカラフルに飾り立ててある。金色の鐙（あぶみ）がまた、神主の木靴の形をした大きなもので、時代物といってよかった。

騎手のなかには乗馬袴などきて、昔の正式の乗馬姿かとおもわれる服装をしたものもいるが、思い思いの恰好で、馬場の周囲をぐるぐる乗り廻す。馬勝負といっても、ふつうの競馬とちがって、いっせいにスタートして、早駆けの順位をきめるといったものではなく、ただ、たくさの馬が同時に馬場をまわっているので、どれが早いというのではない。

馬場の中央北側に、特別席があって、村長以下、役場吏員や来賓が居並んでいるが、ときどき、そこから長い竹竿の先に、紙帯をつけた新品のタオルを誰かがさし出すと、前を通り過ぎる騎手がサッとそのタオルを手にとり、勝ち誇ったように馬にいちだんと勢いをつけて駈け去る。たえず、それをやるが、タオルは賞品らしい。そのたびに、どこからか拍手がわく。

山と積まれたタオルの近くに審判席があって、馬の駈けっぷりや騎手の乗り方などをみて、あの馬にやれ、この馬にやれ、と指示しているようにおもわれたが、おなじ騎手がなんどもタオルをさらっていた。なかには、もらったばかりのタオルで鉢巻きをして、張り切るものいた。個人技であるのか、部落対抗であるのか、よくわからなかった。どういう基準で、馬術のよしあしを決めているのかもわからなかった。だいいち馬術といったようなものではない。その乗り方がおもしろいのである。

ふつう、反動をつけて乗るのが乗馬である。これは、後年、兵隊に行ってわかったのであるが、馬が駈けるとき、前後の足を交互に出して駆けるときと、前後の足をそろえて全速で駈けるときがある。前者のばあいは、馬の背中は、波状形を描いて上下し、後者のばあいは、水平の前後運動になる。波状形に上下するばあいは、波型の山の部分では腰をうかして、谷の部分だけ、馬背に尻をつけるのである。つまり、反動をひとつおきにぬく。これを英式屈伸とかいっていたが、乗るものも、見ていても気持ちがよい…。

古波蔵馬場でみた乗馬は、そんなハイカラなものではない。

反動もなしに、騎手の尻が、せわしく、馬の背中をたたく、十四、五分も乗っていると脳震盪をおこすのではないかとおもわれるような乗り方である。

子供のころ、わたしたちは、そういうのを「チンチン馬グヮーののりかた」といっていたが、オモチャの機械がケイレンでもおこしたような、その乗り方をみていると、息がつまりそうな感じがした。

ただ、バカ元気のあるものに、賞品のタオルをとらしているようだった。

村には、識名や与儀にも馬場があったが、原勝負は、きまって古波蔵馬場でやっていたようだ。

大正のすえから昭和の初めごろのことである。

熊蝉

那覇の近郊で、熊蝉の声をきくのは、戦争がおわって二十年ほどたってからではなかっただろうか。そのことは、なにか蝉の生態と関係がありそうな気がする。

戦場になった地域では、その幼虫が砲弾のために、ほとんど死滅したのだろう。

砲弾の洗礼をまぬがれたところで、蝉は再生しだしたにちがいない。そういえば、樹木がのこったところ、たとえば、佐敷や知念あたりでは、戦後、わりに早い時期に熊蝉が泣き出していたようにおぼえている。

それが分布の範囲をひろげていくには、かなりの時間がかかる。ことに蝉は、一般に幼虫期間がながい。短くて五年以上、長いのになると十年以上、地中にもぐったままである。那覇近郊が戦争で荒廃して、樹木がすくなかったことにも原因があるだろう。

沖縄戦は、蝉だけにかぎらず、昆虫界に大異変をもたらしたことは確実で、戦後、蝶々やトンボやその他のいろんな昆虫が姿を消した期間があった。それがかなり長かった。いまでも、まだ、昔ほどに昆虫界は回復していないのではないか。

それは、戦争だけのせいとはかぎらないかも知れない。戦後は、自然がすくなくなった。森や畑が、町や村にだんだん侵食されてゆく。農村が都会化してゆくなかで、昆虫も住みにくくなってゆくのかも知れない。

わたしの屋敷の周りの樹木で、夏には、熊蝉が鳴くようになった。夏の風物詩が、もどってきたような感じである。とはいっても、まだまだ本調子ではない。

昔は、一キロや二キロぐらいはなれた森で鳴いている蝉の声がきこえてくるのは、ふつうであった。

壷川のわたしの家で、奥武山公園の熊蝉の大合唱がうるさいほど聞こえたものである。あれを聞いていると、ただでさえむし暑い沖縄の夏は、その熱気にさらに油がそそがれたように暑苦しくなったものだが、それは、かかせない夏の風物詩でもあった。いまの蝉は、数がすくないせいか、じつに臆病である。

鳴いている樹木の下に、人の気配を感じただけで、どこかへとびたってしまう。

少年のころ、わたしなどは、木によじのぼって、いくつも手でつかんだものである。

熊蝉がこのんでとまる特殊の木がある。熊蝉はことにセンダンなどに、群集する性癖がある。

ウソのように聞こえるかも知れないが、ひとつのセンダンの大木に、数百匹とおもわれるほどむらがることがあった。枝という枝は、隙間ないほど埋まるのである。壮観であった。朝日をうけて、それらが、いっせいに鳴き出すときなど、その木にのぼっても、飛び立つのは、ごく手近なものだけである。蝉の群集心理といおうか、数をたのんで大胆不敵になる。

ネライをつけて手をかざすと、蝉は興奮して、いっそう尾部をせわしく動かし、声をはりあげて鳴くが、逃げないやつがいるので、それにパッと掌をかぶせるのである。

いまは、そんなにして獲れる蝉などほとんどいないだろう。いまの蝉は警戒心がつよくて可愛気がなくなった。蝉も、昔は純朴だったのだ！

いまの子供たちは、捕虫網を使っているが、あれはまずい。その捕虫網がたいてい純白である。せめて、木の葉の色にすべきだ。

いちばんよいのは、芭蕉の葉をヂョーゴ形にまるめて、それを竿のさきにくくりつける、それでなら、熊蟬はぜったい逃げない、確実にとれる。ただ芭蕉の葉がやぶけやすいのは難点だが…。

いま、どこに行けば、熊蟬の大群集をみることができるだろうか。

××

最近、一寸、田舎らしい所で久し振りに熊蟬を聞いた。

山のてっぺんの四、五本の木で、混雑もせずに、ほどほどに鳴いていた。かつてはいき苦しい暑さの中で、全く、しめ殺されるような声で、これでもかこれでもかと全身をゆさぶって鳴いていた、あの無遠慮さはなくなって、周囲の風景や、雲と、夏の感覚をこわさない程度に、効果的な調和をもって伴奏を入れている、つつましい音楽家になりすましていた。

ところで、最近の人間の生活の音譜は、五線にあらわすと、逆に、昔の「熊蟬の鳴きくらべ」と大差のない、短かく、いき苦しく、単調で、騒々しいものになってきた。この生活の狂想譜の、はかない刹那的な荒々しさには、蟬のほうがおそれをなしてか、かれらは、いまは静かな山のなかで、夏に和している。もう暑さをかき立てるようなことをしない。

——エゴ（自我）は生活体の中心となる自覚である。ひとつのエゴは、切なくいとほしいものだ。

「寂しさや岩にしみ入る蝉の声」

そこでは芭蕉のエゴと、夏蝉のエゴが寂然の世界でとけ合っているようにおもわれる。

ただ、エゴがそのまま集団となったときに、醜くうるさいものとなる。自我の主張が統制のない競争におわるからだ。そこにコンダクターがおれば、うるさい蝉の声にも音階ができて、それは効果的な合唱になるにちがいない。

人間の生活譜は、単なる競唱であってはならない。それはオーケストラではなくてはならぬ。それには、エゴの集団を指揮する、すぐれたコンダクターが必要だ。

ただ、我こそ、我こそと、勝手に鳴き立てられたんでは、それこそ「岩にしみいる蝉の声」がよいということになる。

また、あまりひとつの木に集まらないで、飛び立ってゆく熊蝉には、センダンの新芽が待っているような気もする。

溜池

農村は、どこに行っても、樹木に囲まれた部落のなかに、共有の、かなり大きな溜池があった。春の朝など、樹木のあいだからもれる陽光をうけながら、部落の乙女たちが、その溜池のへりの石畳のうえで、芋を洗っていることがあった。また、一日の農耕をおえた夕暮れ、そこで若者が馬の体に水をかけていることもあった。

いまは、洗う芋もなければ、行水をさせる馬もいない。部落の乙女や若者たちもおおかた都会に出てしまっているのかも知れない。溜池もほとんどみかけなくなった。

鴎（カモメ）

小学六年生のとき、三泊四日の島内修学旅行というのがあった。コースは、真和志から豊見城、糸満をへて、高嶺小学校で一泊、翌日は、港川、玉城、知念、佐敷から与那原に

で て、与那原小学校で二泊目、その翌日、西原をへて中城に出て、喜舎場小学校で三泊目、さいごの日は、嘉手納にでて汽車で帰ったが、二日目、高嶺から港川に向う途中、具志頭村のギーザバンタ（銀河海岸）に行った。

数キロにわたって、隆起珊瑚礁の断崖が、海面に屹立する壮観は、わたしたちをよろこばせた。わたしたちは、その断崖の上から、太平洋の波を見下ろしながら、紙吹雪をとばしたりして興じたのであるが、いまでも忘れられないのは、そのときみたカモメである。

いまにも嵐がきそうな天候だった。海面は泡立ち、眼下の波打際では、波が狂っていた。動かない断崖の壮観と、嵐の前兆のように海が躍動する壮観が、ぶつかりあっていた。断崖の上は、風が強かった。

岩にしがみついて、子供たちは、頬をふくらませ、嬉々と叫び声をあげていた。叫び声をあげているのは子供たちだけではなかった。断崖の下の黒い海面には、たくさんのカモメがうかんでいた。

たくさん！ いや、数千羽といったほうがよい。あんなカモメの大群をみたのは、あのときだけである。

あるいは万をこす数だったのかも知れない。高さ約四十米の断崖からみおろす海面、その白く泡立つ、どす黒い波にゆられて、すきまがないほど群れながら荒れる海をたのしんでいるカモメたち、波打際に荒々しく砕ける波頭のうえや、崖の中腹や、いや、もっと高く舞いあがるカモメたち――海面も、海面と断崖のあいだの空間も、カモメの大群でおおわれている。

おもえば、四十数年前の話である。あのころは、天気予報などというのも、あまり発達していなかったのだろう。ラジオも普及していなかったが、学校の先生たちが、天候にあまり関心を払っていなかったことは事実である。

確実な台風情報をあたえられていなかったといったほうがよいのかも知れない。

というのは、ギーザバンタをみて、そのあと港川までくると大雨となり、知念半島を横切って、与那原に着いた、その日の夕刻からは大嵐であった。

海岸にちかい小学校に泊ったが、校庭は、砂浜とつづいている。その砂浜に、高さ一丈もあるかとおもわれる大波がすごい音を立てて、さかんにくずれおちて、わたしたちを威嚇した。いまにも津波がよせて、学校をのみこんでしまうのではないか、とおびえたほどである。

ギーザバンタの断崖のうえにわたしたちがいたとき、暴風は、すぐそこまできていたわけだ。いまなら、そんなときに、そんなところに、児童をつれてゆく先生はいないだろう。

だが、学校の教師でさえ、台風がそこまできているのを知らなかった時代であったおかげで、あのときのカモメのように、わたしたちは、あの壮大な眺めをたのしむことができたのだとおもっている。

心に冒険をもっていた少年時代は、夢のように遠く消え去った。カモメも沖縄の海を見すててしまったらしい。

軌道馬車

記録によると、沖縄馬車軌道株式会社が設立されたのは、大正五年である。与那原と泡瀬間にもあったようだが、これはまったく知らない。わたしが知っているのは、那覇と糸満を通っていたものである。

父が糸満でバッタン工場（機織）を経営していたので、ときどき軌道馬車で糸満に行ったことがある。五才ぐらいだったから大正十二、三年ごろのことである。父の工場は失敗したらしい。女工を二百名近く使っていたようだが、今日流でいえば、ストライキにあったのである。

第一次大戦後の不景気ともかち合ったのであろう。

那覇の垣花に始発の停留所があって、ガザンビラをこえて、だいたい、現在の糸満街道に沿って、軌道はあった。すこし小型だが、汽車とほとんど変わらない、枕木をおいたレールである。枕木のあいだは砂利をつめてある。

これは、ずいぶん変わった乗り物だった。電車と馬車の合いの子みたようなものである。車輛はレールの上を走るのだが、動力は馬である。一頭の馬がひっぱるのである。枕木と砂利のうえを走るのだから、ひっぱる馬がたいへんである。

軌道馬車に乗って、わたしの印象にのこっているのは、馬の尻である。すぐ目の前で、たくましい馬の尻が、リズミカルに左右に動くのを、いつまでも、珍しそうにみていた記憶がある。

乗った車輛がどんな恰好をしていたか、はっきりおぼえていない。車内の状況もあまり印象にのこらない。はっきりおもい出すのは、馬の尻の運動だけである。馬の労役に同情していたのかも知れない。あのころ、すいぶん長いとおもわれた、一直線の糸満街道に沿って、軌道のうえを、馬はたえず尻を左右にふっていた。

糸満の人たちが、ほとんど軌道馬車を利用していたということではなかったようだ。むしろ、軌道と並行している街道のほうが、にぎやかだったような気がする。糸満から、那覇にむかうのは、たいてい、若い女だった。

黒っぽい地味な着物をきた糸満の娘たちである。スネを露わにし、炎天下の道路を、裸足で白いほこりを立てながら小走りに通りすぎる。頭に、魚を入れたバーキ（ざる）をのっけて、両手とお尻で調子をとりながらゆく、その歩行動作が、また、リズミカルである。左右の手を、のばしたまま、大きく交互にふるたびに、それと調子を合わせるように、たくましいお尻が左右に動くのである。

軌道（レール）の上を走る馬の尻と、糸満街道をゆく娘たちのお尻が、そっくりおなじような動き方をしていたのが印象的であった。

御大葬と御大典

大正天皇の「御大葬」があったとき、わたしは、小学二年生だった。

あのとき、大人も子供も、国民はぜんぶ黒い喪章をつけた。大人は洋服に腕章、子供は胸にリボンを、家々には、長い黒布をつけた「日の丸」をかかげていたようにおぼえている。

わたしたちが胸につけたのは、たぶん、小さな蝶型だった。布は、絹だったとおもう。軽くて、すべすべして、光沢のある布地だった。

遊ぶときも、学校にゆくときも、家から一歩でると、いつも、それをつけていた。寒い季節で、日曜など、ぶっくら着こんだ着物の襟に、黒い蝶リボンをつけ、タンポポの葉におく朝露をふみちらしながら、家のちかくの墓の多い丘にのぼり、タコあげなどしたこともおぼえている。

天皇が死んだことを、ふつう、「おかくれになった」といっていた。「亡くなられた」とはいわなかった。わたしたちは、「崩御」というむつかしい言葉も知っていた。無理におぼえさせられていたのだろう。

「テンノウヘイカが死んだ、といったらたいへんだよ。」

などという子もいた。

だれにも聞こえないように小さい声で、「死んだ」と言ってみたが、なんだかこわかった。罪をおかしたような感じだった。子供の心にも「天皇」の名がタブーとして、ふかくしみこんでいたようだ。

胸の蝶リボンは、なんどもなくした。安全ピンでとめてあったが、学校の運動場で、あばれているうちにとれてしまうのである。他の生徒がおとしたのを拾ってつけることもあったが、たいていは買ってもらった。そのたび、父に叱られた。たしか一銭だったとおぼえているが、お金をもらって、翌朝、学校の近くの店で買う。那覇の泉崎にあった学校の正門の前に、「砂辺」という店があった。その店を、わたしたちは、「スナビグヮー」とよんでいた。そこで、新しいリボンを買って胸につけて、学校の正門をくぐるときは、うれしかった。

一か月ほどすると、リボンをつけなくてもいいようになった。いちいちリボンをつけて学校にゆくのは面倒ではあったが、つけなくてもよいとなるとすこし淋しかった。

まもなく、市内の映画館で、御大葬のニュース映画を見学した。行列の実写が一時間ほど続いていたような気がする。

昭和の天皇の即位祝賀式典があったのは、昭和三年である。それを「御大典」といっていた。即位は、大正十五年(昭和元年)だが、それまで前天皇の喪が明けなかったわけだ。

そのとき、わたしは小学校の五年生だった。小学校は、真和志である。正式には、真和志尋常高等小学校だったが、ふだんは、ただ「本校」とよんでいた。いくつか、分校があったからである。

四年生までは那覇の甲辰小学校だったが、家が壷川にあったため、越境入学というわけで、おっぱらわれたわけだ。

御大典といえば、学校の旗行列をおもいだす。わたしたちは、「日の丸」の小旗を手にもって村内を行列した。コースは、学校を出て識名、国場、古波蔵、与儀、松尾あたりを廻ったようにおぼえている。

壷川では、村芝居などがあった。わたしがおぼえているのは、それだけである。「御大典の歌」というのもあったような気がする。それを歌いながら、小旗をふって歩いたのではなかったか。

ツバメ

ツバメのことを、マッテーラーといっていた。暴風のあとなど、電線にツバメの黒っぽい羽根がぎっしり並び、たえず、流れるような曲線をえがいて、飛びかっていた。竹竿をもち出して、それを、たたきおとそうとすることもあったが、なにしろツバメの早業である。

しかし、子供が手にした竹竿でとどくほど低空飛行をするのである。サッと、体のそばをよぎることもある。ヨコにねかした8字型の弧線を描きながら、なんどもおなじところをいったりきたりするのが特長で、鋭い刃物で空間を切るように飛びすぎるとき、独特の摩擦音をだす。いくつもとびかうが、たまに、それがなにかにぶつかったのか、おちるときがあった。

「マッテーラーホーミヌミーユン」

こどもたちは、とんでいるツバメにむかって、さかんにはやしたてる。そういえば、ツバメははずかしがって電線にとまる、というまじないである。

うちの近所に豚を養った露店の便所があった。

そこにしゃがんで用便をしているとき、わたしのそばをツバメが、矢のようにとびすぎたので、おもわず腰をうかし、大きな声で、例のまじないを叫び、ツバメをはずかしめてやった。

幼年期のわたしは、手におえぬほど腕白だったらしいが、人をからかうようなツバメの飛行運動に、ほんとにハラをたてたのだろう。

季節の渡り鳥で、わたしたちは、ひとつひとつ年輪をかさねていった。

ナーベーラーやゴーヤーの棚や生垣などがたおされ、どこも木の葉や板切れなどが散らかった、暴風のあとの白けたくもり空に、ツバメは白い腹をみせながらとんでいた。

避病院

泊港の北岸のあたり、崎樋川の丘陵の麓に「ひびょういん」があった。伝染病患者の隔離病院であることは、あとで知ったが、その名が、なにか不吉なひびきをもっているようで、少年のわたしに恐怖心をいだかせた。だから、めったに行ったことがないが、門中の清明祭のとき、大人たちが、いつも、その「ひびょういん」のそばを通って、崎樋川の丘にのぼってゆくことを、わたしは知っていたので、それがいやだった。

そのそばを通るとき、私は、かなりながいあいだ呼吸をとめて、かけすぎたものである。病気が空気伝染するような感じもしたし、いやな薬品の臭いをさけるためである。病院の近くに塵捨場があって、いろんな薬びんなどがすててあったが、そこからの臭いが、じっさい鼻をついたのである。

こやし船

糞尿肥料をはこぶため、国場川（漫湖）を上下する伝馬船を「クスグェーブニ」といっていた。月見橋の横に停めて肥料をつみ、一杯になると、奥武山公園をすぎ、ガーナー森のあたりにでて、豊見城に向かうのである。船頭は、長い竿をさして、船をすすめる。そのとき、とても悠長な、節の長い、独特の歌をうたいながら、竿をさしたり、ひいたりするのだが、その歌を、わたしたちは「クスグェー歌」といっていた。

なにか、きたない話のように聞こえるが、遠くで、竿で川をさかのぼってゆくその船を眺め、ひろい入江のすみずみまでひびくような、あの独特の歌声をきいていると、それが肥料運搬船と知らなければ、なかなかの風情がある。

ことに、春雨にけぶるなかで、ミノをつけた船頭が、鏡のような水面に竿の音をひびかせるのは、すてたものではない。

「春のうららの隅田川」という滝廉太郎の歌曲の情緒を、わたしは、国場川を上り下りする、この「こやし船」でまに合わせていた。

飛行機

沖縄で最初に飛行機をとばしたのは、大正四年である。わたしが生れないときのことで、知ったのは、最近である。

あのときは、何万という観衆が那覇の潟原《かたばる》に集まったらしい。先島あたりからも、泊りこみでみにきていたといわれる。

新聞社の主催行事で、当時としては画期的な企画であったにちがいない。

中学生の執銃教練は小学生の競技会などもあって、前景気をつけてからやったらしいが、飛行機は、とび上がるとまもなく電柱にひっかかったり、ついらくしたりして、二度とも失敗した。それでも、何百米かとんだということは、のちの語り草になったらしい。

わたしが甲辰小学校に通っていた、昭和の初めごろになると、たまに、複葉のプロペラ機が大空をとぶことがあった。でも、そのころまでは、飛行機は珍しかった。プロペラの音が聞こえると、授業中でも、飛行機だ、飛行機だ、という喚声をあげながら、児童たちは、教室をすて、なだれをうって校庭にかけ出した。先生も、校庭でいっしょに見物するというありさまだった。

そのころ、おもしろい遊びがはやった。

夏など、校庭にでて、飛行機のように両手をひろげ、校庭の地面にうつる自分の影を何分かジッとみつめてから、空に目を移すと、地面で見つめていた影の形が、そのまま青空に白い映像となってでるのである。もちろん、空にでるのではなく、しばらく網膜にその映像がのこっているわけである。

そのころ、飛行場というのは、ひとつもなかった。瀬長島の近くが飛行機の発着場になっていたようだ。塩田の砂利を利用していたのだろう。

昭和六年か七年ごろ、瀬長島で航空ページェントというのがあった。小・中校生の団体客や一般客などで瀬長島の付近は、たいへんな人出だった。若い女性が、落下傘で飛び下りるというのが、その日の呼び物になっていた。その女性パラシューターの名は、「宮森嬢」という名で、親しまれていた。

わたしたちをおどろかせたのは、低空飛行機のとき、飛行士が飛行機の胴体の上にでてきて、両翼のあいだに立ち、のばした両手に「日の丸」扇をもち、片足をあげて、ちょうど、飛行機のような恰好になったことである。

そのころの飛行機はそんなことができるほどの速力だったということもいえる。

デング熱

昭和七年の夏だったか、デング熱というのが流行した。わたしの生涯で、疫病の流行を経験したのは、このときだけである。

あちこちに飛火したらしいが、わたしは那覇のことしか知らない。西の埋立ての近くにあった山川橋の附近から発生して、全市にもえひろがった。

毎日、人が死んで、葬列がわたしの家の近くの道路を通った。その数がだんだんふえてくる。一日に何度も通る。私の町に、それがひろがるのを、今か今かと待ちかまえるといった気持ちだった。誰ひとりとして、その病魔の手をのがれることはできないといわれていた。家族にひとりでも患者が出ればつぎつぎにかかる。軽い病状ですむのもいるが、とにかく高熱を出して、二、三日は苦しい状態がつづくということだった。

どうせかかるのなら、早くすませたいという焦りのようなものさえ感じた。附近で、毎日、何か所か葬式があった。一日中、ケンケンと鉦鼓をたたく音をきくのは憂鬱だった。

いや、そんな生やさしいものではなかった。あのときの暗い気持ちはいまもわすれない。「世の終わり」といった感じである。

いま考えても不思議なことだが、那覇の家には無数のカラスがむらがっていた。カラスの大群が、黒い翼で空を埋め、不吉な鳴き声があたり一面にみちて、耳をふさぎたくなるほどだった。

死人はますますふえるらしく、もう、ふつうの葬式などやっていられないといわれていた。あのときほど葬儀屋が忙しかったことはあるまい。

わたしの家では、父も母も軽くてすんだ。ことにわたしは、ちょっと熱を出しただけでけろっとなおった。

そんなのを「アッチャガチーナ、ハンスン」（歩きながら病魔を追い払う）といっていた。

その後、デング熱の話はきかない。

明治・大正のころは、たびたびコレラとかデング熱が流行したようだが、コレラは、わたしが物心ついたころからは、もうなかった。

わたしが経験したのは、デング熱の流行では、最後のものになったようだ。

サギ

奥武山の黒松や鬱蒼とした樹木のみどりを白いサギの群れが横切るとか、サギのむれが長い足を水にひたして、静かな水面に優雅な影をおとしているといった光景はいつでもみられた。

「サージャー」とか「くびながサージャー」とかいっていたが、サギを配した漫湖の風景は、なんといっても日本画の世界だった。

サギは、漫湖になくてはならない風物詩的な添景であったし、その姿も美しいが、意外に、人間からは冷遇されていたのか、サギをうたった琉歌はなく、かえって、わたしたちの子供のころは、「サージャー」の鳴き声は、あまり縁起のよいものでないなどといわれていた。サギが美声の持ち主でないことはたしかだ。のどをしめられたような声を出すのである。

果実《くだもの》

朝露のついた山イチゴをとって食べる楽しみは、いまのこどもたちはおおかた知らないのではないか。

なんでも金で買うものだという観念が小さいときからうえつけられているように思われる。

あまり目につかなくなった果実もいくつかある。黄紫色に熟れる野性のクービの実は、小指の半分ほどのふとさで、細長く、よくみると縦にかすかな筋がとおっている。甘ずっぱい。クービのあるところにはハブがいるなどといわれていた。

バンシルーは、わたしの好物だった。ザクロの実ほどではないが、なかに種子がたくさんある。皮ごとたべるのだが、よくうれていると香ばしく、独特の味がある。おできがあるときにたべると、ますます化膿するといわれていた。

桑の実もよくたべた。養蚕がさかんだったので、どこでも桑の木があった。葉っぱがツヤツヤしている木には、きれいな大きな実がたくさんついた。唇が紫色にそまると着物の袖でふくのである。

奥武山公園は、黒木（クルチ）の群生で知られていた。

クルチの実は、たべすぎると、スクショウ（食傷）するといわれていた。中毒の意味がよくわからないが、しぶくて、たくさん食べると、口のなかがしぶい、かさかさした感じになる。

リンガン（龍眼）がほとんどみられなくなった。いま市場で売っているのは、龍眼の一種だが、ジャワのマンゴスチンにちかいものである。リンガンはパチンコの玉を大きくしたような形で、茶黄色の殻をつけ、むくと、コンニャクのような果肉がある。なかに大きな種子があって、たべるところはすくない。

モモ山のモモは、桃の字をあてているが、ふつういわれる桃ではない。方言でいうムムは、何科の植物かまだ聞いていていない。

季節になると、どこの家庭でも、たくさん買って、カメにいれ塩づけにしていた。

「桃売り乙女（あんぐゎ）」のもってくるムムは、強烈に、季節の訪れを知らせた。

稲妻

稲妻、あるいは電光の図は、ジグザグ型の光になっている。そういう絵は想像で描いたものとばかりおもっていたら、そうでないことがわかった。

少年のころ、ある日、あまり雷鳴がはげしいので、二階の窓から、その方向を眺めていた。奥武山公園の上空で、たれこめた雨雲がさかんに空中放電をやっていたのである。いわゆるジグザグ型の稲妻をなんども目にした。

ところが、そのとき、不思議な現象にぶつかった。わたしがはっきりみたのは水平型の稲妻である。左右の両極から電光が走ってきて、つながるのである。目の前でやるから、音もすごいし、ちょっと怖かったが、そのうち、ハッとすることがおこった。

両極から走ってきたある電光がつながらなかったのである。つまり、失敗したのである。とたん、一方からきた電光が、ピューンと金属的な音をひびかせ、その先端が空間にたれさがり、ひもをぶらさげたように一、二度ゆれて、パッと消えた。寸秒の出来事である。

水平に走ってきて、つながらずに切れた電光の先端が、直角にたれさがり、ぶらんぶらんとゆれてから消えたのである。

ちょうど、火を点じたマグネシウムの糸を手で振っているような感じだった。

陰極と陽極の電光の結合の失敗という自然現象にすぎないが、なんだか神さまの不手際をこっそり見てしまったような気もした。

芝居

私が初めて芝居というのをみたのは、小学校にまだはいらない、五、六才のころではなかったか、誰につれられていったかもおぼえていない。場所は、いまの東町ボーリング場のある一帯にあったのではないか、松田橋という橋を渡って、橋内のあまり遠くない場所であった。

「仲毛芝居」というのがあったそうだが、それは、ずっと前の話らしいから、私がみたのはあるいは臨時に小屋掛けした芝居だったのかも知れない。

はっきりおぼえているのは、その芝居小屋が、カマジー（どんごろす）でつくられていたことである。沖縄の初期の芝居を「カマジー芝居」といっていたそうだが、それはあとで知ったが、そのころ、大正の末期まで、「カマジー芝居」はのこっていたわけだ。

その芝居は、おそらく、恐怖心とむすびついて、私の印象に強くきざまれているのだろう。というのは、いまでもはっきりおぼえているが、「コレラ劇」というのをやっていた。舞台でコレラにかかった患者が、物を吐いたり、非常に苦しむ情景を演じていたのをおぼえている。なんであんなのを劇にしたのだろうと思うが、あるいは衛生思想普及劇といったものであったかも知れない。

とにかく、子供心にも、コレラという病気は、たいへんこわいものだとおもった。その恐怖心が、芝居小屋がカマジーでつくられたことまで、はっきり印象にたたきこんだのだろう。

小学校の三年生のころ、壷川に大火があった。火元が近くで、私たちも焼け出された。その焼跡に、しばらく、芝居小屋が立った。それを「壷川芝居」といっていた。そのとき、私の家は二中前、いまの那覇高校の向かいに移っていたが、そこから、わざわざ壷川芝居をみに行ったことが何度かある。みに行ったのではなく、つれてゆかれたのである。私の母は、芝居ずきでなく、いまでもみに行こうとしないから、たぶん。近くに、あるいは親せきのものに芝居好きがいて、つれて行かれたのだろう。

焼跡になったもとの屋敷をみたかったこともたしかである。そのころは、ずっと借家であったが、自分が生れて育った屋敷はなつかしかった。

壷川芝居は、カマジーも使ってあったが、壁にあたる部分は、ほとんどがガジュマル（榕樹）の、葉のついたままの枝をさしこんであった。そのころ、運動会とか、なにかの祝賀会で、よく榕樹の枝と葉で「緑門」というのをつくっていたくらいだから、木の葉でつくった芝居小屋も、そんなにみじめなものではなかったかも知れない。

壷川芝居の近くの森の榕樹の大木から枝を折ってきて、小屋がけをしたのだろう。

上間という喜劇役者と、名前はおぼえてないが女形が印象にのこっている。

上間はなかなかの喜劇役者だった。あるとき、武士に扮したかれが切腹をしようとして、腹に短刀をつき立てるが、なかなか切れない、これはおかしいというので、短刀をよくみたら、その先にカマボコがくっついている。まず、これを食べてからと、ムシャムシャ食べはじめるところで幕がひかれる……、といった場面など、私をとてもよろこばせた。

藍紙傘

「花風」という踊りのコスチュームが、私は好きである。少年のころのある印象を連想させるためかも知れない。

首里でみた、若い婦人の姿が、なかなかわたしの印象にのこっていた。ツタがはい、くずれかけた石垣にはさまれた石だたみ道を、彼女は歩いていた。藍紙傘を手にしている琉装が、じつに美しかった。

かつての貴族の娘だったのかも知れない。

夏だったような気がする。石垣をはっているアンダチャー（トカゲの一種）の背中が、テカテカ光っていたのが、妙に目にこびりついている。その青い体色が藍紙傘の色彩と、あるいは、油光りするその光沢が娘の髪と、連想がむすびついていたのかもしれない。

緑陰《りょくいん》

那覇の近郊でも、「緑陰」のたのしみがあった。緑陰といっても、いまの若い人たちにはピンとこないだろう。たんに樹影という意味ではない。

屋敷内に榕樹などの大木があったり、家の近くにちょっとした森があるところがおおかった。私の家の裏手の森には、榕樹、デイゴ、ウスク、赤木、ウンマー木などの大木があり、夏には、暑熱とまばゆい陽光をふせいでくれた。その樹影は、いこいの場所だった。幼児のころ、おばあさんが、むしろをそこにもち出して、遊ばしてくれた。

家のなかにいることはすくなかった。樹々の色で、顔がみどりにそまるのではないかとおもわれるほど、来る日も来る日も、午前も午後も、樹影ですごした。樹間をもれる陽光が紋様をつくってゆれるムシロの上で、その紋様を体にうけながら、たわむれ、ひるねをする。

頭や足下では、草花が微風にゆれる。たえず、トンボや蝶がとびまわる。そうした森の生活を、あとで「緑陰」という言葉から感ずるようになった。陽気におしゃべりをしたり、歌をうたったり、ときには、こまかくいろんな野草に観察の目をむけたり、静かになにかの実がパチパチとはじけるかすかな音に耳をかたむけたり、樹影ですごした時間は、なつかしい思い出になっている。あのころの子供たちが、誰でも持ったことのある経験であろう。

小学生のとき、友達の家を訪れたら、頭の上で、「こっちだ」という声がした。屋敷内の榕樹の大木の上に、彼はいた。板と釘で、樹枝のあいだに、小屋がけをしている。その小屋を「エンゴ」といった。そのエンゴで、いっしょに夏休みの宿題を勉強したたのしい思い出もある。

田園が都会のへりまでしのびよっていたころのことは、都会の手が田舎のすみずみまでのびてゆきつつある今日では、遠く去った牧歌にすぎない。

客馬車

壺川に「チャクバサヤー」(客馬車屋)というのがあった。つまり客馬車営業所で、与那原に通う発着点になっていた。いまの銀バスの車庫のあるところの道向かいあたりにあった。営業者は上原という名前で、わたしたちはふつう、「イーバルグヮーヌ、チャクバサ」といっていた。客馬車は、西部劇にでてくる幌馬車のようなもので、無軌道である。

乗心地は軌道馬車よりわるい。軌道馬車は軌道の上を走るのだからゆれがすくないが、客馬車は、道路がデコボコ道だから上下左右にゆれるし、車輪はタイヤでなく鉄輪をはめてあるから、ゆれに弾力性がない、脳震盪になるのではないかとおもわれるくらい、頭のシンにずきんずきんとひびく。

そんなのもがまんしてみんな乗っていたわけだが、いつごろ客馬車がなくなったかはよくおぼえていない。バスの登場でだんだん影がうすくなっただろうが、昭和八年頃まではた確実にあった。

発着場には、数台いつも客馬車がたむろし、馬が糧食を食べたり、糞や小便をたれ流したりしていたが、雨でもふると、その辺は、たいへんな泥濘となる。

長靴をはいていても、その半分が泥に没するほどのぬかるみである。それが馬の排泄物やこぼれた馬糧などとまざって、いいようのない不潔感があった。

馬のいななきや、蹴り合い、じっとしないで足を踏みならす音、馭者のせわしそうな動きや、かけ声などの喧騒、——活気にあふれた一角であった。

与儀部落

小学五年と六年は真和志小学校であった。

いまの小学校がそれで、たしか、私がいたころのガジュマルの木がまだ残っているはずである。安里や楚辺に分校があって、そこは「本校」と呼んでいた。

当時、私の家は二中前、ちょうど今の那覇高校の正門の向かいあたりにあったが、そこから、今の開南を通って、与儀大通りにでた。那覇市民ホールや琉大保健衛生学部の宏壮なビルが立ち並んでいる通りだが、当時、そこは大部分が与儀農事試験場の敷地内で、道の両側は一面のキビ畑であった。与儀の市内バスの乗り場や交番のあるあたりに農事試験場の正門があって、その道向いに十軒ほどの官舎が木立や生垣に囲まれて並んでいた。農事試験場の敷地は広大で、神原小・中学校、経済連市場、那覇教育事務所、与儀公園、その周囲の民家地域などもすっかりふくまれていたが、戦後のある時期まで、そうだった。

附近が都市化し、人口が密集するにつれて、ひとつひとつなし崩しに試験場の敷地は民家や公共施設などに侵蝕されていって、さいごに母屋（事務所）までとられて、与儀からおっぽり出されてしまった。「与儀農事試験場」といえば、かつて誰知らぬものもないほどの固有名詞だったが、さて、与儀を立ち退かされた農事試験場が、いまはどこに行ったのか、私は知らない。

平家の落人のように、あるいは尚巴志に亡ぼされた南山や北山の末裔のように、世間から忘れられた存在となってしまった。この与儀試験場の興亡の跡、あるいは時代のなかで果たした役割の変遷をみただけでも、時代の移り変りというのがわかろうというものである。

私たちが「本校」に通っているころ、ちょうど大茎種という甘蔗が移入されたころである。

ユンタンヂャー（読谷山種）とかいわれていた細い、しかし糖汁の濃度の濃い、つまり甘いのから、茎がふとくて長いが、かじるとやわらかく、すこし水っぽい大茎種に変わりつつあった。

田舎では、まだユンタンヂャーがおとろえなかったが、試験場を中心に大茎種が普及しつつあったころである。そんな甘蔗の変遷はあとで知ったことで、種類のちがう茎の大きいサトウキビが、さいきんふえてきたな、というぐらいの関心はあった。

試験場の事務所構内には、尺余にきられた大茎がたくさん積まれているのをよくみかけたが、おそらく試験に使ったものであろう、その両端は赤く、または赤紫色に染まって、なにか薬品の香いがしていた。学校帰りの児童たちは、よく、この薬品の香いのする蔗茎ひろってかじったものである。

あとでわかったことだが、この大茎種は、宮城鉄夫という人が台湾から輸入してきたものだが、その後、沖縄のキビ畑は、大茎種一色にぬりつぶされてしまった。

学童は、朝、登校するときは、最短距離をとる。だが、帰りはかならずより道をするものである。学校を中心に、真和志を南部と北部にわけてよぶ習わしもあったが、南部から通う生徒は、学校に行くときは与儀の大通りを通り、帰りには、たいてい、ワキ道をえらぶ。ひとつは農事試験場の敷地内で、いま与儀公園になっているあたりである。

想思樹の並木があって、その下で休んだり、あちこちにある小さい流れの中で小さな水棲動物を追っかけ廻したり、甘蔗畑に群がるバッタをつかまえたり、そんな、ちょっとしたレクリエーションがあった。そうでなければ、学校の帰りに、与儀部落のなかにはいる。

戦後、そこは、一時、花の出荷で知られたが、その頃は、夏から秋にかけて、いろんな果物が部落を包んでいた。ひとくちで言えば、「果実の村」である。ビワ、バンシロー、バナナなどもあったが、軒毎に屋敷は、九年母、クガニー、シークヮーサーなどミカンの木で囲まれ、昼もうすぐらく、ひんやりするほどだった。季節には、黄色くなったクガニーが枝もたわわになるほどつく。その重さにたえかねるように、屋敷、屋敷をかこむ石垣の外にそれらの枝がたれさがる。

そいつを、誰かを肩車にして、もぎとるのである。そのころの子供たちが発揮しうる「悪童ぶり」というのは、たいてい、そのていどのものであった。

そのころの与儀はまったくの農村部落であった。ああいうフンイキをもった部落は、もう、沖縄本島では、名護から北でなければさがしにくいのではないか。鬱蒼とした「御嶽」のスソに、石畳の道が迷路のようにひろがりはしり、空が樹木のあい間から、ちょこん、ちょこんとしかのぞけないといった、典型的な沖縄の部落共同体が、那覇のすぐ近郊にあった。そのころからいえば、その与儀部落でさえすっかりコンクリートの家で埋まって、自動車がめまぐるしく往来するようになったいまを、何といったらいいのか。

文明は、一種の熱湯のようなものである。与儀部落の「涼」は、その熱湯で焼かれ、流されたのかも知れない。その「涼」は、沖縄のいたるところで、だんだん追われてゆく。

囚人馬車

垣花にあった刑務所が、現在の楚辺に移転したのは大正十五年だから、私の家が壷川で火災にあって二中前に移ったのは刑務所移転の直後であったわけだ。

そういえば、青い囚人服をきて編笠をかぶった衆人の列が荷車かなにかひいて、五十人とか、多いときは二百人ぐらいも列をなして通るのをたえず目にした。

私の家はちょうど県立二中の通用門の向かいにあったが、看守に監視されて、囚人たちは、家の前の通りを泉崎のほうに下りてゆく。逆に泉崎のほうからきて刑務所に帰ってゆく。はじめ、それがほとんど毎日のようにひんぱんに通る。ときどき、私の家の前で、囚人の列が止まって小休止をすることもあった。その後は、そんなに囚人が刑務所を出て外で作業するのをみかけなかった。

今から考えると、刑務所の移転直後で、楚辺の新刑務所と垣花の旧刑務所跡を往復して、跡片付けとか、備品の運搬などをやっていたか、あるいは、楚辺の刑務所に建設材料を運んでいたのかも知れない。

あのころは、受刑者という言葉は一般に使われていなかった。青服に編笠をかぶり、ときにはロープなどでつながれた恰好が、やはり囚人という語感にぴったりだった。

世間の見る目も冷たかったはずで、子供の私にもいかにもちがった、こわい人種のように思われた。子供たちは、かれらを方言で「ヌスド」(盗人)とよんでいた。かれらの態度も、いかにも、悪いことをして肩身がせまい、世間の目をうけて体中がいたむといったふうにみえた。

戦後の「受刑者」とは、その点、ずいぶんちがう。私は、いちどつぎのような光景にぶつかった。外で作業をして刑務所に帰る受刑者の一行をのせたトラックが、私が歩いている道路上で急停車した。すると、トラックの上から、受刑者である若い男たちが、笑声を立てながら、やはり附近を通っていた若い娘をさかんにひやかした。その娘は顔を真っ赤にして、小走りに横道に逃げた。

受刑者が世間の人をひやかすようになったのである。また、こんな話をきかされたことがある。刑務所に家具の展示会があるというので、私が「おばさん」とよんでいる親戚筋のある老婦人が、それをみに行った。

すると、展示場で、若い男がニコニコ笑いながら近づいてきて、久しぶりですね、家具をみに来たんですか、と挨拶をするので、よく見たら、子供のころ隣近所にいた顔見知りである、それで、あんたも見にきたのか、と言うと、いや、私は此処にいるんですよ、というい、展示場の案内役だったらしく、展示品について、いろいろ説明してくれたというのである。「おばさん」は、私の家にきたとき、その話をして、「いつから看守になったのか、知らなかった」と言った。その男は、ある職場の経理をやっていて、不正がばれて受刑中だったのである。私がその話をしたら「おばさん」は、目を丸くして、しばらく言葉がなかった。

さて、昭和の初めごろに話をもどすが、囚人の行列のほかに、私の家の前をときどき「囚人馬車」が通った。子供たちは、それを、方言で、「ヌスド馬車」とよんでいた。

二頭建ての馬にひかした、黒ずくめの馬車で、窓がない、周囲はヨロイ戸のようなものでとざされ、馬車の後部には、一名か、時には、二名の看守が立っている。あるいは巡査だったのかも知れない。裁判所と刑務所を往来する車で、その中には未決囚が、ときには刑が確定して刑務所送りとなる囚人が乗せられているはずである。いつも、この馬車を目にするが、馬車のなかは物音ひとつしないので、なかの囚人というのを想像したことがなかった。ただ、その「黒い馬車」は、何となく不吉なものの象徴のようにおもわれた。

フランス革命のとき、死刑囚を刑場に運んだのも、こんな馬車だったのかも知れない。とにかく古い時代の監獄制度の暗さをただよわした、いやな感じのものだった。

ところが、それまで不吉な影のようなものとして、私の目の前を往来していた、その囚人馬車が、ある日、突然、私にとってある重大な意味をもつようになった。生きた現実となって、少年の私の心の奥に何か深いものを刻みこんだ。

なぜなら、そのとき、囚人馬車の様子がいつもとちがっていたからである。路上を蹴ってゆく二頭の馬の蹄の音はいつもと変わらなかった。だから、刑務所に向うその馬車は、例の同じ速度で、私の目の前を通り過ぎたはずである。だが、そのとき、馬車の通過する時間が、非常に長く感じられた。というより、時間の質量が、永遠の重みで、そこで停滞したようにおもわれた。通過したあとも、いつまでも、五十年近くたった今日まで、私の心のなかで、その馬車は、走りつづけているからである。

馬車の内部から女の泣き叫ぶ声がきこえた。私は、いままでに、それほどはげしい人間の慟哭を聞いたことがない。

泣き叫びながら女は、いろんなことを訴えつづけていた。瞬間的な時間のあいだに、私は、たくさんの言葉をきいた。

「旦那さま、許して下さい、かんべんして下さい、もう二度といたしません」

「私を刑務所に入れないで下さい。私が刑務所にはいったら、私の子供はどうなりますか、誰か私を助けて下さい」

そういう意味のことを方言で訴えていた。

悲嘆の極みといった、その声は早口だった。馬の速度で刑務所に運ばれてゆく短かい時間を停止させるために闘っているようであった。「旦那さま」というとき、囚人馬車に乗っている巡査に訴えているとおもわれた。もちろん、馬車の後部に立っている二人の巡査は、どんな訴えにも無表情だった。「誰か助けて下さい」というときの「誰か」は、漠然と、官憲以外の人を指しているように、少年の私にも訴えているようにおもわれた。裁判所から送られてくる道中、ずっと、悲痛にいろんなことを訴えつづけたにちがいない、その声をのせて、無情な囚人馬車は、刑務所の方向に去って行った。

私の脳裏には、その女の姿がはっきりと描かれた。もちろん、顔の形や年令などははっきりしない。だが、髪をふり乱して、半狂乱のようになった女の姿、囚人馬車のヨロイ戸の内側にとりすがって身も世もあらぬ態で泣き叫んでいる、おそらく琉装のその姿を、私はまざまざと心に描いていた。

そして、私の心ははげしく動いた。最初に、その不幸な女を馬車のなかから出してやりたいという衝動にかられた。

あれほど罪に泣き、他に同情を訴えている人間を救ってやれないものかとおもった。つぎに、彼女はいくつぐらいの女で、どんな罪を犯したのだろう、そして、何年間、刑務所にはいり、その後はどんなになるだろう、といったことを考えた。私の心に初めて、罪と罰にたいする意識がはっきりした形となって住みはじめた。裁きとは何かという疑問も生れてきた。

私はトルストイの復活を二度読んだ。ドストエフスキーの「罪と罰」は、若いとき読みかけたことがあるが、百頁たらずでよして、その後は読んでいない。

人間社会の永遠の命題であるかも知れない「罪と罰」の問題について考えるとき、私の思考の原点となるのは、トルストイでもなければ、ドストエフスキーでもない。囚人馬車のなかからきこえてきた、あの女の慟哭が、少年であった私の心にきざんだもの、それがまず、心の底でうずくのである。

だが、トラックの上から道ゆく若い女をひやかしたり、刑務所の家具展示会をみにきた知人をみつけてわざわざ挨拶するような、今日の「受刑者」からみると、深刻に「罪と罰」の問題を考えるのは馬鹿げたことかも知れない。

系図箱

幼児のころ、半鐘の音を聞いただけで、私は布団にもぐりこみ、体中をブルブルふるわせた。火事というのが子供心に人間の最大の不幸としておぼろげに感じられていたらしい。家が火で焼けて失くなるということほどおそろしいことはないようにおもわれた。半鐘の音を聞いただけでふるえ上がるほどだから、「ホーファイ」「ホーファイ」と叫びながら火事場の方向に駈けてゆくらしい人たちが、非常に勇敢におもえた。

東町に大火があった。そのときの炎が夜空を焦がす光景を、対岸の壷川の小高いところの墓地の上でみたのが、火災を目撃した最初の記憶である。空に舞い上がる炎は、漫湖の水にも映っていたが、私はどてらか布団みたようなものにくるまって、おばあさんに抱かれて、やはり体中をふるわしていた。

歯もかみ合わないほどで、声も出なかった。

「対岸の火事」というが、それが幼年の私には、対岸ではなく、別世界の出来事のようにおもわれていた。

異常なほどの「火災恐怖症」だった私だが、壷川にあったその私の家が、小学のたしか三年生のとき、大火にあって焼けた。私は、この世でいちばんおそれていた不幸にみまわれたわけである。

私の家といっても、あとでわかったことだが、当時は借家住いだったので、焼けたのは他人の家であったわけだが、私にとっては、やはり「私の家」にちがいなかった。

家財道具がすっかり焼けて、焼け出され、羅災者となった。

「壷川の大火」、それは大正十五年ごろであったはずである。

身に火の粉をかぶり、煙と火炎に包まれたときの私の行動と心理が、今から考えてみて、これまた異常であった。

私は腰をぬかすべきだった。ショックで意識を失うべきだった。――

私は、夢のなかで、はげしく物が焼けるような、はじけるような音を聞いた。目の前が真っ赤になり、やがて、それがはっきり火炎であるとおもったとき、夢からさめた。尿意をもよおしたので、寝床を出て、雨戸をあけた。とたん、煙が吸いこまれるように家のなかになだれこんだ。空、いや家の周囲が非常な明るさに包まれている。火事だな、と私は思った。夢現をわかたぬ心境というか、そのときの私は何の恐怖も抱かなかった。

体もふるえなかった。軒先にゆっくりと小便をたれたのである。三軒ほどはなれた隣屋敷の家の屋根が炎を吹いていた。

外の光りで私の家のなかはすっかり照らし出されていた。

そのころ、母は養蚕をしていて、家の一隅は、何段かの蚕棚になっていたが、その蚕棚の間を煙が流れている、大人の小指ほどになった無数の蚕が、頭をふったり、体をねじらしたり、急にざわめき立っている光景が、はっきりと私の網膜に焼きついた。よほど落着いていたにちがいない。それからどうしたかよくおぼえていない。とにかく「火事だ、火事だ」と叫んで母とおばあさんをおこしたはずで、おぼえているのは、家の裏手の赤土の土手をよじのぼって、裏の畑に出たことである。土手は一丈ばかりで、中間に一本、バナナの木が生えたところがあり、私たち三人は、そのバナナの幹にすがって、土手の上に出た。父は、どういうわけか、その日、家にいなかった。

逃げるとき、布団だけは二、三枚持ち出されていて、私は、その布団にくるまって、私の家がだんだん大きな炎に包まれてゆくのを、目と鼻の先の畑のなかで眺めていた。眺めていた、というのが、そのときに適切な言葉であろう。

そのときは、恐怖とか、不安とか、不幸感といったのをあまりもたなかった。ただ、父の姿がみえないのが淋しかった。

私の家がいよいよ燃え出すのを目にしても、不思議に体はふるえなかった。が、そのときである。突然、おばあさんが「チージバク」「チージバク」と叫びながら、立ち上がって駈け出そうとしたのである。母がおばあさんにとりすがって、何か叫んでいる。「いけません」とか「行ってはいけません」とか、言っていたのだろう。

そのとき、初めて、私は体がふるえ出した。われを忘れて必死に叫んでいた。私もやはり「おばあちゃん、行ってはダメ」「おばあちゃん、行ってはダメ」と叫んでいたにちがいない。

おばあさんの突然、とろうとしている行動の意味が私にはよくわからなかった。ただ火の中に飛び込んでなにかを取りに行こうとしていることだけはわかっていた。

奈良原の銅像

那覇港の奥は、漫湖とよばれる、ひろい入江になっていた。いまは、周囲が埋め立てられて、すっかり面影をなくしたが、その入江に、港に近く、緑におおわれた小島があった。奥武山である。

漫湖一帯は、那覇の景勝地のなかでも横綱格とされていたが、その風光全体をひきしめているのが奥武山であった。

奥武山は、駱駝の背をおもわせる二つの小丘からできていた。駱駝のコブのような、その小丘のひとつが池城山で、その頂上には、みごとな枝が、空をさえぎるようにかさなりあった、いつくかの琉球黒松の大木にかこまれて、ひとつの銅像が立っていた。

高い台石の上の、等身大のその立像は、かなり腕のある彫塑家の手で作られたものとみえて、銅像の人物のパーソナリティ（個性）を忠実に表現しているとおもわれるものだった。立像は、直立不動というか、硬直した姿勢であった。

写真でみる、どことなく、ぜんたいがだらっとくずれたような、坂本竜馬の立像とは対照的である。坂本よりも二ツ年長であった、この人物の像は、しかし、明治の高級官僚の様式服装であった。男爵だったかれの大礼服かも知れない。短剣をつり、鳥羽のついた山形の帽子（三角形のネルソン帽といったほうがわかりやすいかもしれない）を小脇にかかえていた。

身長は、中背というか、むしろ低いほうである。だが、肩幅がひろく、胸が厚く、服装をとおして、いかにも筋肉質といった肉体が感じられ、たんに、ガッチリしているといった、なまやさしいものではなく、あふれる気迫が、どことなく発散している、といった、その銅像ができたのは、その人物が七十四才のときである。したがって銅像は、その老人の写実とみてよいが、矍鑠《かくしゃく》という言葉の標本みたようなもので、ことに、その面構えに特徴があった。前方を凝視している、そのまなざし、強く張った両アゴは、意志がきわめて強固であることを示していた。ひとくちでいえば、ビスマルク型である。

この彫像が、また、周囲の琉球黒松とぴたりと照応していた。盤根錯節というか、毎年の台風を生きぬいてきた、南国の松の老木のゴツゴツした幹や枝が、かつて幕末動乱の秋霜の季節にきたえぬかれてきた一人の人物像の背景にあったからである。

銅像の主は、奈良原繁である。といっても、ピンとはこないかも知れないが、たった一度だけ、歴史の檜舞台に登場する人間というのがいる。

旧薩摩藩士奈良原繁も、その一人である。檜舞台というのは、文久二年の〝寺田屋事変〟である。そこまでいえば、多少とも幕末史の知識のある者なら、ああ、あの奈良原か、と気づくであろう。

では、その奈良原の銅像が、どうして那覇の奥武山にあるのかというわけはとにかくとして、かれが沖縄と深い関係にあったこと、明治以後の沖縄県の歴史のなかで、よかれあしかれ、第一級の知名度をもつ人物であったことはまちがいない。

奈良原繁は、明治二十五年七月から明治四十一年四月まで、沖縄県の知事であった。かれが五十八才のときから七十四才までの老年期の十六年間で、沖縄の長官としては八代目であった。八代目といっても、四代までは県令といっていたから、知事としては四代目ということになる。

明治十二年の廃藩置県で、佐賀の旧鹿島藩主鍋島直彬が初代県令として赴任してから、昭和二十年の沖縄戦で島田叡知事が戦死するまでの六十六年間に、二十七人の県令または知事が交代しているが、（そのなかには一人も沖縄出身者はいなかった）奈良原は三つの点で、例外者であった。

ひとつは、その任期の長さである。六十六年間に二十七人といえば、一人平均で約三十か月だが、奈良原の任期を除くと平均二十三か月にしかならない。他の知事の任期がいかに短かったかということがわかる。

在職わずか七日間というのもある。第十二代の小田切磐太郎がそれである。そのことについて、太田朝敷は『沖縄県政五十年』のなかで、「内務省は沖縄縣を地方官の芥溜とでも考えているのではないか」と憤慨している。ただし、知事も奈良原までは、わりに、それ相当の人物がきている。この人物伝でとりあげている人たちである。それでも奈良原以前の知事の任期は、やはり短く、奈良原の前任者莞爾の三年十一か月がいちばん長く、短かいのが五代の大迫貞清は一年一か月である。奈良原以後は、いちばん長いのが奈良原の後任者日比重明の五年三ヶ月、短いのは、さきにのべた小田切の七日間は、各目上の任命で実際に沖縄に赴任してこなかったので例外として、また、島田知事は任期約六か月だが、これも沖縄戦で戦死という異常事態でのことなので除くとして、十八代今宿次雄の八か月というのが、いちばん短かい。

このなかにあって、奈良原繁の約十六か年というのは異例の長さで、十分、沖縄に腰をおちつけたといえる。

もう一つは、歴代の沖縄県知事のなかで、銅像が建てられたのは、この奈良原だけであるということである。これも顕著な特色である。

さいごに、奈良原ほど県民の評価が、功罪両極端にわかれている人物はないということである。それだけに、他の誰よりも、政治的な、または心理的な深い痕跡をのこした人物ともいえる。

さて、奈良原の銅像だが、これは、明治四十一年七月に建てられ、太平洋戦争がたけなわだった昭和十八年ごろ供出されるまで、三十五年間、奥武山で那覇港の方向をにらんでいた。供出のときは、出征のタスキをかけてひきたおされたといわれる。

戦後も、その台座だけはのこった。

奥武山は、もと鶯の名所として知られるだけで、訪れる人もまれな場所であった。

たまに、物好きが小舟で渡るか、潮がひいて、帯のような細い水路だけがのこると、そこを腕白小僧たちが泳いで渡ることはあったかもしれない。

老樹、雑木が繁茂し、世俗からへだてられた、この幽邃《ゆうすい》境が、明治三十四年六月に市民公園として開園された。明治三十三年五月十日の皇太子成婚を記念して計画されたもので、約一年後に開園されたわけだが、その前日の琉球新報の社説に、つぎの一節がある。

「皇太子殿下、ご成婚のご盛事あり、このご慶事奉祝の記念として、那覇区の有志、及び寄留商人諸氏、発起して三千金を醵し、雑木を除き、道路を開き、四阿を建て、共同椅子を設け、運動場を開き、以て那覇の公園となす。工事すでにおはり、道路縦横に通じ、山勢起伏ありといへども、緩かならず、また急ならず、園内花卉なしといへども、寂ならず、寥々ならず、区民ひとたび足をこの境に入るれば、以て一日の煩塵を洗滌するに足る。これまた聖代の余沢なり。山上の松、山下の水、長へに大君の万歳を祈れ。」云々。

電車

わたしが生れる四年ほど前から電車はあったようだ。そして、まだ小学校のころか、中学にはいってからかははっきりしないが、昭和にはいって数年たつと、まもなく電車は町から姿を消した。新たに登場したバスに押されて経営がむつかしくなったのだろう。電車にたびたび乗ったという記憶はない。乗客がすし詰めになるほど満員だったという印象もない。むしろ、いつも空いていたような気がする。

考えてみると、道路のまんなかを、あんなのがはしっていたというのが、いまとなっては不思議である。人道と歩道の区別のないころで、電車が通らないときは、その軌道の上が歩道にもなる。人力車も通れば、荷馬車も通る。車道と人道の共有状態である。そのかわり、電車の通る頻度もすくなく、いまの自動車とちがって無軌道ではないから、交通事故もいたってすくなかった。

無茶なことを表現するのに、「無軌道ぶりを発揮する」という言葉があるが、こんにちの自動車が、まさにそれである。

那覇市内と首里、那覇間を走っていた電車は、企業としては、あまりおもわしくなかったかもしれない。町の中の乗り物としては、電車と人力車ぐらいだったころは、どちらも「庶民の足」とはいえなかった。

当時は、那覇市内や、那覇と首里のあいだくらいは、歩くのがふつうだった。「庶民の足」は、自分のほんとの足だったのである。乗り物をゼイタクだとみる傾向があったが、ハダシの人がおおく、はきものも下駄か草履だから電車に乗るのは気がひけたのかもしれない。

また、那覇の市内といっても、いわゆる「橋内」の旧市内では、いまの観念からすれば、猫の額ほどのせまい区域である。べつに乗り物の厄介にならなくてもよかった。

首里と那覇の間のコースもまずなかった。首里にゆくのに、泊高橋から安里をへて大道にでるといったコースだから、遠回りである。あのころは、新県道、いまの国際通りになっているところは、畑や田んぼしかなかった。那覇の中心部から首里までの電車が四十分ほどかかったというから、近道をすれば、歩くのとあまり変わらなかったわけだ。首里は、もとの一中（いまの首里高校）の正門近くに終点の車庫があった。松川からそこまでゆく「坂下」だけは、電車の軌道は道路からかなりそれていた。松川からのぼると、両側に松並木のある道路の右手、観音堂下の小高いところを電車は走っていた。まだ、就学年令にも達しない幼児のころ、母か祖母につれられて、首里の親戚の家を訪ねての帰り、電車で坂下をおりながら、眼下に那覇の灯火を眺めながら、急に、わが家なつかしの里心が湧いたのをおぼえている。

小学生のころ、若狭町にあった母の実家に泊まることがよくあった。そのおりおり、寝床のなかで聞いた終電車の轟音は、いまも忘れられない。潟原（かたばる）から泊高橋あたりへ向って走っている電車の音が、夜の静寂のなかで、いやにひびくのである。風のある日など、風がもってくるそのひびきはなんとなく物悲しかった。たいてい空電車であるような気がした。人がたくさん乗っているのと、空電車では、走るひびきまでちがうようにおもわれたのである。

夜更けの終電車の物悲しいひびきは、やがて消えてゆく、その終末を象徴していたのかも知れなかった。

大正三年五月に開通した電車は、昭和八年三月に廃業するが、その前年の昭和七年には、バス会社が二つできて本格的な営業を始めている。

バスは汽車とともに長距離運行をかねていたので、一般の利用するところとなったようである。電車は、その点、運行範囲が中途半端で、それに、木造平屋か、せいぜい二階の町並みと、風物詩的にみても不均合で、鈍重で威嚇的であったような気がする。狭い通りをわが物顔に走っているようにも見えた。

崇元寺の真向いに、その始発駅があって、車庫といくつも引込線があったが、私の目には、その光景がなにか醜悪なものに映った。崇元寺の聖域が、文明の泥足で踏んづけられているようで、嫌な気がしていたのである。

正月気分

年とともにだんだん正月気分というのがうすらいでくる。それは、自分が年をとっていくからということだけではないらしく、社会の空気が全体としてそうなってゆくような感じである。戦後の沖縄で、だんだん戦争の傷あとが癒え、経済が復興し、いや、生活一般が戦前よりはるかに豊かになっていく過程のなかで、「正月気分」は逆に下降線をたどるという現象があった。私など雨が降ればほとんど寝正月、ごくたまに山原ですごしたりという年が多くなった。小学生の女の子に晴衣をきせて、初詣でということは毎年やっているが、来客といってもごく親しい知友が一人か二人くらいくることがあるが、こちらからは家内の実家に挨拶にいくていどである。だから、来客のためにと準備しておいたウィスキーのボトルが、私が酒をのまないものだから、その年の夏ごろまで残っていたりする。「年始まわり」という言葉も、私にとってはそれこそ廃語である。

正月気分というのも、遠い思い出のなかにだけしまわれている。幼少のころ、といえば、もう五十年以上も昔のことになるが、「お年玉」について、つぎのような思い出がある。学校にまだ上がらないころの話だが、元旦は、ふだん親しくしている近所の家家をひとりで訪ねたものである。どこの家でもまず食べるものを出す。たいてい、ナットウ、コーガーシ、黒砂糖、ミカン、モチなどである。そんなのに手をつけるのは、最初の一軒か二軒である。正月用の着物をきて正座しているのだが、首からかけたヒモを前にブラ下げていて、もらったばかりの硬貨をそれにとおしてある。

どこの家でも五銭玉、十銭玉を準備しているが、その「お年玉」をもらうと、その場で私は首にかけたヒモをはずし、おもむろに、それをヒモに追加して、また、首にかける。そんなことを何回かくり返していると、硬貨のネック・レスができ、元旦の一日は、それを首にかけたまま、ときたまそのなかから硬貨のひとつをはずして、お菓子を買ったりするのが、たのしかった。

暁暗の三時か四時ごろ、寝床のなかで、「若水」や「若木」を売る子供の声をきいたことがある。父にうながされて朝早く松の枝を切りに行ったこともある。朝露にぬれた草原にキラキラと射す初日の陽光は、いまでも、新鮮な印象としてのこっている。

戸毎に「日の丸」がかかげてあって、外に出ると、その旗の林立したなかを歩いているようなものだった。

いまでは、元日の「日の丸」はポツンポツンといった調子で、「年の始めの……」という正月の歌もほとんど聞かなくなった。考えてみると、この「正月気分」の変化は、時代の変化ということだろう。

新正月は、明治になってからの行事であることはまちがいない。明治六年一月一日から太陽暦による新正月が始まったようである。そのとき、従来の旧正月の行事を下敷きにし、それに新しい要素を加えたのが、いわゆる日本の正月だが、もとをただせば村落共同体的な農耕社会に根をもつ年中行事であるだけに都会化と文明化がすすむにつれて、「正月気分」の濃度がうすれてゆくのはやむをえない。アパートやマンションがふえ、蜂の巣のような団地の生活がふつうとなり、テレビが普及してくると、「正月気分」は、家庭の茶の間にとじこめられてしまうのである。

戦後の一時期、新正がどうの旧正がどうのという議論があったが、さいきん、そういう声は聞かなくなった。

明治国家の創作である新正月(ヤマト正月)が神通力を失ってゆく反面、沖縄の農村とむすびついた(ウチナー正月)はなかなかおとろえない。なるほど沖縄でも都会化が急速にすすんで田園情緒はどんどんこわされているが、農村行事として「旧正」が根強くあり、それが都会に波及して、「旧正」になると都会はもぬけの殻になる。

今帰仁の大井川・ワラビ

いまは、まったく都会化してしまった。大井川（ウフンジャー）といっていたあたりは、役所所在地で商店街になっているが、私がはじめて旅行した、昭和十一年ごろは、まだ、草深い田舎の部落といった感じだった。

大井川という小流があって、その近くに一軒、二階建木造の宿屋があった。いかにもハタゴヤという言葉にふさわしい建物で、日が暮れて、澄み切った夕空を眺めながら、そこの露天風呂につかったあと、自分の部屋にかえり、二階のてすりに濡れたタオルをかけようとすると、運天港の方角の空が明るんでいるのに気がついた。月がのぼりかけるところだった。満月である。

背後の樹木の深い山峡からは、ひえびえとした風気が静かにつたわってくるような感じである。地表には、いくらか夕もやのようなものがたちこめ、静寂のなかで、川のせせらぎと、いろんな虫の声が、音をましてくる。

そのときの初秋の月は美しかった。

じっと、川音や虫の声に耳をすましていたら、やがて、隣のへやから、男女の話声がきこえてきた。いつのまに私の耳はそちらのほうにむいていた。男客と宿の女中の話声のようだった。とぎれとぎれに話の内容がここにもつたわってくる。「県庁」とか「お役人さん」といった女の言葉のはしばしから、男は田舎に出張してきた役人だろうと想像したが、おそらく宿の女を口説いていたのだろう。

旧制の中学をでたばかりで、私は、黒い詰襟服をきたどこか田舎の小学教師の生活に、なんとないあこがれをもっていたころである。

その夜は、いろんなことを空想しながらなかなかねつかれなかった。どこかで、夜おそくまで鼓の音がしていた。夜が更けるにつれて、その音がますます高くひびいてくるのである。

あくる朝は、モーターの響きで目をさました。すぐ近くに小さな製材所があったのである。そのモーターの響きも、静かな自然に包まれて、こころよい音にかわった。

その不協和音は、部落においかぶさっている山の深いみどりに吸いこまれてゆき、あるいは部落の前面にひらける広い田んぼの水のかなたに吹き散らされて、自然と人間の生活がとけこんでいるある種の調和をやぶるほどの騒音ではなかった。

朝早く宿を出て、運天港へ通ずる米田のあいだを歩いていた。途中で、一人の農夫と行き合った。こちらに向かって歩いてきた初老の彼は、見知らない私に、アイサツをした。

青田の水が朝日にキラキラ光っていた。その光が、私の心のすみずみまでさわやかに照らしているようにおもわれた。

運天港をみて、帰りは、大井川（いまの仲宗根）にもどり、こんどは本部の伊豆味に向う山道をのぼった。部落がつきて、山道にさしかかるあたりに一軒の料亭らしい建物があった。「夕べの太鼓の音は、ここだったのか」とおもいながら、生活の香りをはなれて、深く山にくいこんだ小道を上って行った。

隠花植物、主としてシダ類に妙に心をひかれたことがある。ことに、「ワラビ」という言葉の音感は、少年だった私の心に、みたことのない遠い山原の自然のいぶきをはこんできてくれるようなひびきがあった。

ワラビは食べられるときいていたが、また、ワラビ細工は、そのころ、ふつうの家庭でみられる家具になっていたが、そういう効用とはべつに、「ワラビ」に、一種の詩情のようなものをもっていた私は、大きな野性のワラビが山いっぱいに生いしげっている山原の山をいつかみたいとおもっていた。

山道を歩きながら、私の心は、いつのまにかワラビをさがしていた。

伊豆味の、嘉津宇岳の麓で、はじめてワラビの群生を発見したときの喜びは、いまもわすれない。

わたしが憧れていたのはワラビそのものというより、ワラビが象徴する山の深さであったのかも知れない。いや、山の深さにかくされて人知れず生きているワラビの生命（いのち）だったのかも知れない。

山原ゆきのバス

バスは、たしか、那覇の山川橋のあたりから出ていた。名護までゆくのに四時間ほどかかったとおぼえている。

昭和十一年の秋のことだから、四十六年前のことである。名護、今帰仁、本部あたりを旅行したことがある。中学をでたばかりであった。

デコボコの多い、そのころの道だから、バスのゆれようはひどかった。ピョコン、ピョコンと、たえず腰が浮くのである。前の座席のうしろを、しっかりつかまえていないと、ときどき、強いショックをうける。

それに、那覇を出ると、まもなく豪雨にみまわれた。恩納あたりから、車のゆれがさらにくわわる。片方の車輪が凹みにはまったのか、車体が傾いたり、ときには、なにかにつかまっているつもりでも、にわかに腰が座席からはなれて、頭が網棚のちかくにとどくほど、体がほうり上げられたかとおもうと、ドスンと座席におとされて、尻もちをついた気持ちになる。それに、座席はズブ濡れである。ガラス窓の隙間から、さかんに雨がなかにはいりこむし、窓ガラスが割れたところもある。雨除けのカバーを窓にかけてあるが、それを乗客が手で押さえつけるというふうで、たえず風でバタバタと鳴りどおしである。左右の座席のあいだの通路は水びたしで、車がゆれるごとに、通路にたまった水が、左に右にゆれ動くのである。

もちろん乗客もズブ濡れであるが、そのことを、誰も文句を言わないし、運転手も「すみませんね」とか「がまんしてください」などと声をかけるわけでもない。馴れっこになっているというのか、バスの屋根をたたく雨の音のなかで、男客たちのダミ声の会話がいつまでもつづく。耳なれない山原方言のアクセントには、素朴な親しみが感じられた。

バスは、道路を走っているというより、水のなかを走っているといったほうがよかった。車輪が水をかきわけてゆく音が、車内にはっきりひびく。また、車がはねる水しぶきが、車体や窓ガラスにぶつかって、音をたてる。車のライトが照らす前方は、船が波をかきわけて進むときのように、前車輪の両側にすごい水柱を立てているのが見える。

これでも、バスは昭和にはいってむかえた文明の恩恵であった。その以前は、那覇から山原に行くのに途中の嘉手納までは汽車を利用できたが、それからさきは、これといった交通機関がなかった。自転車か、荷馬車か徒歩にたよるほかはなかったにちがいない。いや、大正の初めごろまでは、恩納からは道らしい道もなかったようで、那覇と名護のあいだの交通は、ほとんど山原船か小型汽船にたよっていたようである。そういうわけで、道路がすこしばかりわるくても昭和にはいってからのバスの運行はありがたいもので、ゆれのひどいバス旅行でも、さほど苦痛にはおもえなかった。

バスが恩納の海岸沿いを走っているとき、目にとびこんだある刹那の光景は、いつまでも脳裏につよくきざまれ、四十数年後のいまもフレッシュな印象として残っている。

あの豪雨のなかで、バスが一条の光りの束を前方に投げながら走っているとき、その光のなかにとらえられたものに、私はハッと目をこらした。ライトが照らす、水しぶきをあげている車の前方に、ハダシで歩いていく若い男女の後姿が映し出されたのである。

瞬間のことであった。だが、その映像を私はハッキリとキャッチした。

雨にぬれた少女のワンピースは体にへばりついていた。そのすんなりとした足がライトで光っていた。人里はなれた、淋しい夜の海辺の道である。嵐のような豪雨のなかである。

二人はしっかりと抱き合って歩いていた。ライトに照らされてもふり向かなかった。

わずか何秒かのあいだに、二人の姿は、後方の闇の中に消えた。

私は、とてつもなく、美しいものをみたような気がした。

山原の山なみのあいだには、なにか自由があるような気がした。

川セミ

クチバシの長い、光沢のあるヒスイ色と赤のまじった、羽毛のきれいな鳥である。

いま、北部のかなり奥ふかい静かな山の渓流でもなかなかみつけにくい鳥だが、その鳥が那覇市内でもふんだんにみられたものである。

壷川に〝ぼかまの別荘〟というのがあった。外間という弁護士の別荘である。いまの那覇中央郵便局のあるあたりが、その場所であった。

周囲は松の大木や、二丈ほどもある孟宗竹の竹林でかこまれ、かなり大きな敷地だった。

この別荘には、いろいろの果樹が植えてあった。

あまり高くないが、大きな実を枝がたれるほどつける蜜柑の木が、三列か四列ほど並んだところがあり、その列と列の間の通路で、自転車の乗り初めで、練習したことがある。

ほかに枇杷、バナナ、マンゴなどもあった。葡萄棚もあって、時季になると、白い葡萄や赤葡萄の実がたわわにぶらさがり、気味のわるい大きなブドウ虫がいっぱい棚をはうのだった。観賞用の植物や薬草らしいのもいろいろあった。

三十坪ぐらいの赤ガワラ屋根の建物がまんなかにあって、その前面に、わりに大きな池があって、ハスのひろい葉のあいだを鯉や鮒が泳いでいた。

父が、ある期間、この別荘の管理をやっていたので、わたしたちは、その別荘の建物に住んでいた。

管理と言っても、そこに住んでいただけで、父には、役場の収入役という本職があった。

昭和七年ごろのことである。

川セミは、毎朝、陽光のうららかな光が樹木をとおして、池の面にさすとき、どこからかやってきて、池の周囲に立ててある鉄筋のさきにきてとまるのである。

池に金網でも張るつもりだったようだが、そのままにしてあった鉄筋の突端は、池にむけて内側にまるく曲げてあり、鳥の止まり木として都合がよかった。

川セミには、おもしろい習性があることがわかった。かならず、おなじ場所にしかとまらないのである。

ある川セミは、ある鉄筋のさきにだけとまるのである。いちど安全性をたしかめたところを選んで止まるのは、自己防衛の本能かもしれない。その習性で、川セミは、ちがったのが、いくつもとんでくることがわかった。やがて、いくつかの鉄筋のさきにとまる、そのひとつひとつの川セミを、わたしは見分けるようになった。

池の魚を狙いにやってくるのである。

きれいな川せみが、毎朝、おとずれて目をたのしませてくれるのはよいが、池の魚に被害があっては、管理に困る。

わたしは一策を案じた。夜のうちに、川セミのとまる、いくつかの鉄筋のさきに、その止まる場所に、鳥モチをぬっておいたのである。

翌日、朝の光がさすころ、わたしは、期待に胸をふくらませて待っていた。やがて一羽の川セミがとんできて、ある鉄筋のさきに、鳥モチをぬってある、そのさきに、止まろうとして、足もふれずに、すぐ、そのとなりにとまった。もちろん、とまったところには鳥モチはぬってなかった。つぎの日から、その川セミは、鳥モチの隣にしかとまらなくなった。ほかの川セミも、それとおなじことをやった。

そこで悟るべきだったが、わたしはおろかなことをした。川セミがのり移った、その隣の鉄筋のさきにも、鳥モチをぬったのである。川セミは、つぎつぎと止まる場所をかえた。こうして、池の周囲の鉄筋三分の一ばかりが、鳥モチでよごれた。

川セミは、なかなかかしこい鳥だとわかった。

十九の秋、今帰仁の大井川から、本部の伊豆味に通ずる山の中をひとりで歩いたことがある。細い山道をのぼってゆくと、左手は、深い樹木におおわれた渓谷で、上から見下ろすと、木々の枝のあいだから、谷川の水がキラキラと光るのがみえ、せせらぎの音がきこえる。

と、金属性の、短い、川セミの鳴き声が、ときたま、わたしの歩みをとめた。

渓谷の底から声がきこえてくるのだが、川セミの姿はみえない。その美しい羽毛をみつけようと、なんども立ちどまって、渓流のあたりをみおろしたが、だめだった。

しかし、谷川のせせらぎや、山の深いみどりのなかできいた川セミの鳴き声を思い出すと、いまも、心のやすらぎをおぼえる。

遺念火《いにんび》

沖縄の妖怪談のひとつに遺念火があった。

イニン火は悲恋物語と関係がある。不幸な恋におわった男女の魂がイニン火となってランデブーをするというわけで、火玉がひとつになったり、わかれたりするという話は、アチコチにあったようだ。

昭和のはじめ、五十年ほど前のことになるが、中学の一年か二年生のころ、識名のイニン火を見に出かけたことがある。妖火がでる季節というのは、夏のおわりごろだったと記憶している。金曜日だったか土曜日だったかおぼえていないが、その日にかぎって出るという日に、おなじ学校の上級生と妖火実見にでかけた。

暗夜がよいが、月夜でもみられるばあいがあるときいていた。その夜は月はあったが厚い雲にかくれて、下界はほの暗い明るさで、かえって妖怪が出そうな気がした。

その上級生は学校では秀才で知られていたが、かれはイニン火の話を、さいしょから信じている様子ではなかった。迷信の正体を自分の目でたしかめようという、ちょっとした興味にかられているようにおもわれた。

二中前から樋川を通って与儀にでる。そのころ、樋川から与儀にでる途中に人家が固まっている場所があったが、いったん人家がきれ、つぎに与儀の農事試験場の官舎が並んだところにくると、そこを過ぎて、また人家が途切れる、淋しい夜道であった。

道の両側から、自分らの頭におおいかぶさるようにサトウキビの葉が音を立ててゆれていた、そんな夜道を歩きながら、途中、どんな話をしたかおぼえていない。妖怪の話をしなかったことだけはたしかである。

秀才の上級生は、そんな話にほとんど興味をしめさないような態度にみえた。お前は、ほんとうにそんな話を信じるのか、と軽蔑されそうな気がしたので、つとめて、その上級生の態度に近似した心理的ポーズをとろうとしたことだけはおぼえている。

なにかほかのことを話しながら、真和志の小学校までできた。そこでそのガランとした校庭で、イニン火のでるのを待つことにした。

どこが、それをみるのに最適の場所であるかは、きいていなかった。

聞いた話では、識名のイニン火というのは、繁多川をはさんで、識名と首里のあいだを行ったり来たりするということだった。

だがこんな話は、ひとつの幹から枝がいくつかでるものである。識名のイニン火の話にも枝があった。

火玉がときどき、識名の坂の途中までころげてくるというのである。識名の坂というのは、識名から真和志小学校におりる坂のことで、それであれば、自分たちがいる小学校の校庭は、恰好の観覧場所ということになる。

だが、一時間ばかりたっても、なんともない。上級生は、なにかほかのことを考えていたらしく、終始、だまっていたが、馬鹿馬鹿しいとおもったのか急に、帰ろうと言い出した。

「やっぱし、月夜はだめなんかなあ。場所がわるかったのかな」

わたしも、イニン火のことは、あまり信用していなかった。だがさいしょから、そんなのがあるはずがないじゃないか、といった上級生の心がよみとれるので、また、こちらがその話をもち出してさそったからには、本当に妖火がでてほしいという気持ちもあった。

しかし、上級生のつぎの言葉で、わたしは度肝をぬかれた。

「そんなら、識名まで行ってみるか」

そのころ、わたしたちのいる場所から識名の部落まで、途中はまったく人家がなかった。夜間は、うす気味悪くて通れるところではなかった。

「イニン火は、遠くからしかみえないそうですよ。識名に行ってはまずいでしょう」

それから三年ばかりたった。

そのころ、わたしの家は二中前から壷川に引っ越していた。

南向きの二階の窓からは、那覇港、奥武山公園、垣花・小禄・豊見城の一帯が、那覇港湾の漫湖の水の対岸に一望でみわたされた。今とちがって、小禄から豊見城にかけての坂は、まったく人家がなく、夜になるとほとんど真っ暗であった。小禄あたりの部落にちょっとした灯火がみえても、それはわずかで、よわい光であった。部落の屋敷は、一軒一軒、深い樹木におおわれていたので、その樹間を灯火がもれてくるていどであった。すこしでも変わった光が動くと、すぐ目につくのである。

ある夜、二階の窓に椅子をおいて、暗い対岸をみていると、偶然、不思議な光を発見した。

ちょうど、提灯の光のような色だが、それがまるいのである。

光そのものは、そんなに珍しいものではなかったが、その運動がまことに異常なのである。

小禄から豊見城に通ずる坂道がある。その坂道のてっぺん、いまの豊見城公園の入口あたりから、その火がおりてくるのだが、それがみているうちに、小禄の部落あたりに達する。その早さが異常なのである。

みていて、そんなに早いようにはおもえないが、気をつけてみると、あの距離を、どんなに早く駆けてみたところで、あんな早さにはならないとおもえるみじかい時間のできごとである。

おなじような光が、ガザンビラの方向にも生ずる、そして、こんどは逆に豊見城の方に向かって進む。そして、どの火も、途中で、いくつかの火にわかれてふえる。

その運動は、一定したものではなく、瞬間瞬間かわってゆく。それがかなりながい時間つづくのである。

その遺念火の話は、きいていたので、ああ、これかと、わたしはおもい、その日の曜日と時間をおぼえておいて、その後、気をつけていたがその機会はなかなかこなかった。それでも、年にいちどか二度、通算して、三回ほどみたようにおぼえている。

そのとき、不思議だとはおもったが、ただそれだけのことで、べつに気にとめなかった。ただ、この不思議な事実についての証人として、例の上級生と共同確認できなかったのは残念だった。かれは、そのころ、鹿児島の七高に去っていた。

わたしは、どちらかというと無神論者である。妖怪などというのは信用しない。

しかし、あのときみた光の運動は何だったのか、それは、いまもわからない。

初出一覧

Ⅰ　民俗論考

沖縄と墓と文化　『琉球の文化』（琉球文化社）第二号、一九七二年九月
平安座島の石棺　『青い海』（青い海出版社）一一月号、一九八二年
「奥武」と「青」　未発表

Ⅱ　歴史の解釈

「人類館」事件の真相　『青い海』一九七九年五月号
誇り高き時代錯誤（原題「文章の論理と資料の運用」）『琉球の文化』第三号　一九七三年

Ⅲ　人物伝

琉球の女歌人―恩納ナビ論　『南島文学』七月号、一九五三年
ジョン万次郎外伝　『青い海』一二月号、一九八〇年

Ⅳ　沖縄のこぼれ話

沖縄の青年飛行家　『南風』（総合開発研究所）三号、一九七八年

ブラジルのトバク王　『南風』三月号、一九七九年
那覇のツナ引き　『南風』四月号、一九七九年
爬龍船競漕　『南風』五月号、一九七九年
明治艶物語　『南風』六月号、七月号、一九七九年
辻の行事と組織　『南風』九月号、一九七九年
共通する沖縄と内地の方言　『南風』一一月号、一九七九年

V　随筆集

師弟の別離、熱帯魚、竹林部落、アダン、原勝負、熊蝉、溜池、かもめ、軌道馬車、御大葬と御大典、ツバメ、避病院、こやし船、飛行機、デング熱、サギ、果実、稲妻、芝居、藍紙傘、緑陰、客馬車、与儀部落、囚人馬車、系図箱、奈良原の銅像
（以上、未発表）

電車　『月刊沖縄経済』（沖縄経済振興センター）若夏号　一九八三年
正月気分　『月刊沖縄経済』新春号　一九八三年
今帰仁の大井川・ワラビ　『月刊沖縄経済』冬季号　一九八二年
想い出　『月刊沖縄経済』秋季節特別号、一九八二年
山原ゆきのバス　『月刊沖縄経済』第二次振計特集号　一九八二年

川セミ　　『月刊沖縄経済』八月号　一九八二年
遺念火　　『月刊沖縄経済』八月号　一九八二年

安らかな永遠の旅を

―太田良博氏を悼む―

牧港　篤三

太田良博君が逝ってしまった。沖縄タイムスからの電話で知らされたのだが、太田君の死について何を語ればよいのか、実はよくわからない。

昨年発行の、ある文芸誌に、太田君が座談会で、しゃべっている写真を見たおぼえがあるが、とにかく痩せていた。それが気になったが、その後は会ったことはない。パレットくもじでばったり会って、コーヒーを飲んだことが、太田君の最近の思い出である。

「鉄の暴風」執筆の時は、二人で公用バスに乗って、あちこち取材にいったものだが。疲れたのか、余り会話はなかった。「鉄の暴風」は二人で執筆、それを後で、豊平良顕さんが筆を入れたりしたことを覚えている。それから間もなく太田君は新聞社を辞めた。とにかく取材に、執筆に、思えば長いつき合いだったと思う。

彼は無口で、疲れると、それがひどくなり、行動を共にしながら、あまり口をきかなかった。彼の行動は、むしろ利を無視してかかっているようにも思えた。その一方で、興が乗ってしゃべり出すと、とめどがなく、コーヒーが冷めても、それを気にせず、しゃべりまくっている姿を、私は別人のように眺めていることに気付いて、独りで私は含み笑いをしたものだ。

文学好きで、大変な読書家だったが、「鉄の暴風」を執筆する前にトルストイの「戦争と平和」を一気呵成に読んだということを私に話していた。彼は大変な文学好きで、話し出すと、きりがなく、とうとう私が疲れてしまい、無言のまま、別れてしまったことは、たびたびあった。長いつき合いのようで、また一瞬の友といった感じのする人だった。

太田君は永い旅に出たが、今は妙に、私の方が痩せ我慢をしているかっこうである。何はともあれ、太田君の安らかな永遠の旅を祈る。さようなら太田君。

（『沖縄タイムス』二〇〇二年七月）

あとがきにかえて

故夫・太田良博が亡くなってから、七七忌があけるのも待ちきれず、遺稿集の出版に奔走し、やっと上梓することができ、今、冥土の夫への思いを新たにし、深く感銘しています。

この度、遺稿集を出版するにあたり、私の思いとするところといきさつをふつつかな文ですが申し述べたいと思います。夫・太田は平成十四年七月十三日呼吸不全のため急逝いたしました。享年八十五歳でした。

当時を振り返ると、私は突然の出来事で、なすすべもなく、ただ嘆くばかりでした。心ある方々からは、諸行無常、生者必滅の理で諭され、またなぐさめをいただきましたが、なおも夫への思いは断ちがたく、ありし日の面影を求め、さ迷う日を送っていました。そのような折、夫が晩年とても気にしていた本出版のことを思い出しました。そこで、何とかして私の力でこの出版を実現しようと思い立ったのです。

それから、かつての夫の書斎の机や奥の棚、箱類の整理を始めました。そこには埃に覆われた原稿や大学ノート、手帳、すでに活字になって掲載された雑誌や、新聞の切抜きなどがあり、集めてみるとかなりの量がありました。それらを抱えて、ボーダーインクへ伺いました。その際、原文はすべてそのままで取り扱って下さいと特にお願いしました。その他、いろいろ細かい点を相談し、分類作業や収録する原稿の取捨選択など行い、校正にかかったのですが、本来なら、これらのことは著者太田が自分で推敲と共にぞんぶんに行ったことと思います。ですが今となっては、それは叶わず本人にとって、その点ではさぞ不本意ではないかと察しています。しかし、私としては、本出版が冥土の夫に対し、供養の一端にでもなればと念じております。

本書の出版にあたり、『沖縄タイムス』紙に寄稿された追悼文の転載を快くご承知下さった牧港篤三さまに、心より厚くお礼申し上げます。それから、太田が生前所属していました琉球文化歴史研究会の会員荻堂盛進さま、奥間一男さまには出版にいたるまで精神的な支えをたまわったばかりでなく、校正の労までとっていただき、心から深く感謝申し上げます。また、私の意とするところを汲み取って、満足する本に仕上げてくださったボーダーインクの宮城正勝社長と池宮紀子さんに厚くお礼申し上げます。

二〇〇三年六月

妻・美津子

太田良博（おおた　りょうはく）

本名　伊佐　良博。

1918年、沖縄県那覇市に生まれる。早大中退。

沖縄民政府、沖縄タイムス、琉球放送局、琉球大学図書館、琉球新報などに勤務。その間詩、小説、随筆、評論など発表。2002年死去。

著書に『沖縄にきた明治の人物群像』（月刊沖縄社、1980）、『異説・沖縄史』（月刊沖縄社、1980）などがある。

太田良博著作集 1
琉球の女歌人

初版発行　2003年8月31日
著　者　太田　良博
発行者　伊佐　美津子
〒900-0025　那覇市壺川1丁目2番地1
ラ・フォンテーヌ壺川7F
発売元　（有）ボーダーインク
〒902-0076　沖縄県那覇市与儀226-3
tel 098（835）2777　fax 098（835）2840
http://www.borderink.com
印刷所　（株）近代美術